KB261289

걱정 없이 사는 80가지 방법

걱정 없이
사는 80가지 방법

· 백정미 지음 ·

무한

걱정이 그대를 늙게 한다

걱정이란 미래에 생길 일에 대한 부정적 예측이다. 그것만큼 사람 피를 말리는 일도 없을 것이다. 그럼에도 불구하고 지금 이 시간에도 수많은 사람들이 걱정에 사로잡혀서 현재를 즐기지 못하고 살고 있다. 그것은 모두 걱정의 유해성과 걱정을 어떻게 하면 없앨 수 있는지 방법을 알지 못하기 때문이다. 걱정의 유해성은 술, 담배, 마약 못지않다. 걱정의 살인적 기운은 한 사람의 인생을 암흑으로 만들기에 충분하다. 걱정이 가득한 사람은 한시라도 편안할 수 없다.

나도 걱정, 근심으로 안달하던 사람이었다. 하루라도 고민하고 걱정하지 않은 날이 없었을 정도였으니 말이다. 생기지도 않을 일을 예상하면서 혼자 불안해하던 나날들을 지금 생각해보면 정말 어이없지만 그 당시에는 그 일이 당장 목을 졸라오는 고통으로 다가왔다. 걱정은 건강을 약화시키고 삶에 대한 의지마저 꺾는 무서운 것이기도 하다. 내가 한참 걱정, 근심, 고민에 휩싸여 살 때는 내 인생에서 가장 불행했던 시기였기 때문이다.

걱정하는 사람은 행복해질 수 없다. 걱정만큼 행복을 저해하는 확실한 요소도 없다. 모든 걱정은 인간의 얼굴을 그늘지게 만든다. 그러므로 그대는 걱정을 없애는 방법을 습득해야 할 것이다. 그것이 그대의 인생을 밝게 만드는 최고의 방법임은 두말할 필요도 없다.

걱정은 허상이다. 존재하지 않는 허상으로 두려움에 떨지 마라. 이제 걱정은 그대에게 아무런 위해를 가하지 못할 것이다. 그대는 걱정을 없애는 80가지 방법을 알게 되고 익히게 됨으로써 걱정으로부터 벗어날 것이기 때문이다.

난 오랫동안 걱정을 하지 않고 살기 위해 몸부림을 쳤다.

'어떻게 하면 걱정하지 않고 행복하게 살 수 있을까? 어떻게 하면 모든 사람들이 걱정의 그늘로부터 벗어나서 자신의 인생을 편안하고 행복하게 누릴 수 있을까?'

이제 그 해답을 찾아서 한 권의 책으로 낸다. 이 글은 내 인생 전반에 걸친 걱정과의 치열한 싸움의 흔적이다. 근심, 걱정, 고민으로 괴로워하던 한 인간이 어떻게 그것들을 떨쳐내고 마음의 평화를 얻게 되었는지 적나라하게 드러내는 것들이기도 하다. 이 책으로 여러분의 인생이 걱정 없는 행복한 인생이 될 수 있기를 바란다.

—백정미

contents

| 프롤로그 |　걱정이 그대를 늙게 한다 • 4

PART 1　인간관계 걱정 버리기

1. 자신감이 없어서 걱정될 때 • 13 ／ 2. 사랑하는 사람과 성격이 안 맞아 걱정될 때 • 16 ／ 3. 누군가 자신을 비난할까 걱정될 때 • 19 ／ 4. 평생 독신으로 살 것이 걱정될 때 • 22 ／ 5. 상대방의 속마음을 몰라 걱정될 때 • 25 ／ 6. 윗사람에게 혼날 것이 걱정될 때 • 28 ／ 7. 맞선 볼 일이 걱정될 때 • 31 ／ 8. 왕따를 당해서 걱정될 때 • 34 ／ 9. 단체로 여행 가는 일이 걱정될 때 • 37 ／ 10. 비밀이 드러날까 걱정될 때 • 40 ／ 11. 망신당할 일이 걱정될 때 • 43 ／ 12. 악연이 있는 사람과 만날 일이 걱정될 때 • 46 ／ 13. 아내가 바가지를 긁어서 걱정될 때 • 49 ／ 14. 엄마가 잔소리할까 걱정될 때 • 52 ／ 15. 친구들이 놀려서 걱정될 때 • 55 ／ 16. 사랑하는 사람과의 이별이 걱정될 때 • 58

PART 2 일 걱정 버리기

17. 실직해서 걱정될 때 • 63 / 18. 명예를 잃을까 걱정될 때 • 66 / 19. 새로운 직업을 구할 일이 걱정될 때 • 69 / 20. 시험이 걱정될 때 • 72 / 21. 면접이 걱정될 때 • 75 / 22. 대중 앞에서 연설할 일이 걱정될 때 • 78 / 23. 대회 나가기 전에 걱정될 때 • 81 / 24. 공부를 못해 걱정될 때 • 84 / 25. 혹평을 받을까 걱정될 때 • 87 / 26. 예상만큼 성과가 없어서 걱정될 때 • 90 / 27. 할 일이 많아서 걱정될 때 • 93 / 28. 동료가 자신의 아이디어를 도용해서 걱정될 때 • 96 / 29. 진로를 정하지 못해 걱정될 때 • 99 / 30. 글짓기를 잘 못해서 걱정될 때 • 102 / 31. 상사가 자주 트집을 잡아서 걱정될 때 • 105 / 32. 성추행을 당해서 걱정될 때 • 108

PART 3 생활 속 걱정 버리기

33. 이사가 걱정될 때 • 113 / 34. 지구 멸망이 걱정될 때 • 116 / 35. 납치당할까 걱정될 때 • 119 / 36. 집에 불이 날까 걱정될 때 • 122 / 37. 폭행당할까 걱정될 때 • 125 / 38. 나쁜 꿈을 꾸고 걱정될 때 • 128 / 39. 사주가 안 좋아서 걱정될 때 • 131 / 40. 전쟁이 날까 걱정될 때 • 134 / 41. 자녀가 나쁜 길로 빠질까 걱정될 때 • 137 / 42. 배우자가 도박에 중독되어 걱정될 때 • 140 / 43. 군 입대가 걱정될 때 • 143 / 44. 집에 손님 오는 것이 걱정될 때 • 146 / 45. 음치여서 걱정될 때 • 149 / 46. 삶의 복표가 없어서 걱정될 때 • 152 / 47. 죽음이 걱정될 때 • 155

PART 4 돈 걱정 버리기

48. 투자한 돈을 잃어 걱정될 때 · 161 / 49. 빌려준 돈을 받지 못해 걱정될 때 · 164 / 50. 물가 오르는 것이 걱정될 때 · 167 / 51. 사업이 망할까 걱정될 때 · 170 / 52. 은행이 파산해서 걱정될 때 · 173 / 53. 사기를 당해서 걱정될 때 · 176 / 54. 해킹당할까 걱정될 때 · 179 / 55. 가게에 손님이 없어 걱정될 때 · 182 / 56. 주가가 폭락해서 걱정될 때 · 185 / 57. 가난이 걱정될 때 · 188 / 58. 친구가 돈을 빌려달라고 해서 걱정될 때 · 191 / 59. 은퇴가 걱정될 때 · 194 / 60. 남편이 생활비를 안 줘서 걱정될 때 · 197 / 61. 과소비를 해서 걱정될 때 · 200 / 62. 아파트 값이 떨어져서 걱정될 때 · 203 / 63. 용돈이 떨어져서 걱정될 때 · 206 / 64. 사업자금이 부족해서 걱정될 때 · 209

PART 5 건강 걱정 버리기

65. 사고당할까 걱정될 때 • 215 / 66. 심각한 병에 걸렸을까 걱정될 때 • 218 / 67. 부모님이 돌아가셔서 걱정될 때 • 221 / 68. 늙는 게 걱정될 때 • 224 / 69. 입맛이 없어서 걱정될 때 • 227 / 70. 허리가 아파서 걱정될 때 • 230 / 71. 간접흡연이 걱정될 때 • 233 / 72. 큰 수술을 앞두고 걱정될 때 • 236 / 73. 불면증이 있어서 걱정될 때 • 239 / 74. 출산을 앞두고 걱정될 때 • 242 / 75. 노안 때문에 걱정될 때 • 245 / 76. 키가 작아서 걱정될 때 • 248 / 77. 기운이 없어서 걱정될 때 • 251 / 78. 자꾸 살이 빠져서 걱정될 때 • 254 / 79. 우울해서 걱정될 때 • 258 / 80. 화를 참을 수 없어서 걱정될 때 • 261

PART 1

인간관계 걱정 버리기

don't worry be haPPY

1

자신감이란 무엇일까. 우리는 주변에서 자신감이 없는 사람들을 많이 본다. 그들의 공통점은 소극적인 것이다. 어떤 일을 하든지 자신감이 결여된 사람은 소극적이다. 적극적으로 동참하고 더 나아가 리더가 된다는 것은 자신감이 없는 사람에게는 먼 나라 이야기일 뿐이다.

그러나 자신감이 없는 사람이 리더를 꿈꾸지 말라는 법은 없다. 자신감 없는 사람이라고 해서 자존심까지 없는 것은 아닌 것이다. 인간은 가변적인 동물이다. 항상 자신감이 넘치는 사람도 없다. 그래서 우리들도 때로는 자신감을 잃기도 한다. 평소에는 자신감이 충만하던 사람이라도 어떤 위기에 봉착하게 되면 자신감을 잃고 걸음을 멈추는 것이다.

그렇게 모든 사람에게는 자신감이 없어지는 시기가 있다. 성공한 사람은 그런 시기를 잘 견뎌내는 사람이다. 인생의 실패자는 자신감을 잃고 나서 실의에 빠진 채 영원히 자신감을 상실해 버리는 사람이다. 한 번 넘어진다고 해서 자신감을 잃어버리고 모든 걸 포기한다는 것은 있을 수 없는 일이다. 열 번이 넘어져도 다시 일어날 수 있도록 어느 순간에서도 자신감을 잃지 말아야 한다.

나는 자신감을 고취시키는 방법을 날마다 실천한다. 그것은 매우 의도적인 일이다. 우선 휴대폰 첫 화면에는 이런 문구가 나를 응원한다.

'최고의 작가'

다소 낯 뜨거운 말일 수도 있지만, 최고의 작가를 꿈꾸지 않는 사람이 어떻게 다른 사람에게 희망과 용기를 줄 수 있는 글을 쓸 수 있겠는가. 그대가 자신감을 갖고 싶다면 최고의 위치에 오른 자신을 상상하라. 현실에서는 아직 실현되지 않은 일이라고 해도 괜찮다. 가장 원하는 위치에 서 있는 자기 자신의 모습을 동경하면서 살아라. 그렇게 함으로써 우리는 무엇이든 이룰 수 있는 기적의 주인공이 될 수 있는 것이다.

또 하나의 방법으로 나는 허리를 곧게 펴고 자신감 있는 걸음걸이를 연습한다. 그리고 마음속으로 주문을 외운다.

'내 글들이 세상의 모든 사람을 위로할 거야' 이런 소망을 품고 걸음을 걸으면 하루가 매우 즐겁다. 걷는다는 것은 운동 그 이상의 것을 얻을 수 있는 일이다. 특히 허리를 곧게 펴고 똑바로 정면을 응시하면서 씩씩하게 걸으면 어떤 것이라도 할 수 있다는 용기가 생긴다.

우리는 누구나 위대한 존재다. 자신의 위대함을 믿자. 자신의 대단한 재능을 발견하자. 자신의 모든 것을 사랑하자! 다른 사람들이 모두 "넌 나약하고 못났어!"라고 비난하더라도 자신을 믿자. 인생이라는 가시밭길을 걸어가면서 어찌 피 한 방울 흘리지 않겠는가. 때로는 살갗이 벗겨지고 피가 낭자하게 흘러도 힘차게 걸어가자. 자신의 훌륭함을 믿어 의심치 마라.

발표시간에도 한 번도 손을 들지 않았던 나다. 구석진 곳이 좋았고 도전하는 것은 질색이고 모험은 절대 하지 않으려고 했던 나다. 그렇게 자신감 없게 살아온 지난 세월 동안 참 불행했다. 한 번도 행복하지 않았다. 최근에 나는 이런 삶에 신물이 나기 시작했다. 앞으로도 이렇게 자신감을 상실한 채 살아가야 한단 말인가. 이런 걱정이 나를 짓눌렀다. 어떻게 하면 자신감을 가지고 살 수 있을까. 과거를 알면 현재를 알 수 있다. 과거의 나는 내 자신을 존중하지 않았다. 당연히 할 수 있는 일인데도 할 수 없는 일이라고 단정 짓고 나를 그늘진 곳으로 내몰았다. 이제부터는 그렇게 살지 않을 것이다. 나는 내 분야에서 최고의 능력을 가졌다. 앞으로 조금만 더 성실하게 노력하면 이 분야에서 가장 성공한 사람이 될 것을 믿는다. 자신 있다. 무엇이든 이룰 수 있고 무엇이든 꿈꿀 수 있다. 머뭇거림이란 말은 이제 내게 없을 것이다. 나는 당당하게 세상을 향해 도전장을 내밀 것이기 때문이다.

사랑하는 사람과
성격이 안 맞아
걱 정 될 때

　　이혼 사유 중에 가장 많은 비율을 차지하는 것은 뭣엇일까? 바로 '성격차
이'이다. 하긴 그럴 만도 한 것이 수십 년 동안 각자의 사고방식대로 살아온 두
사람이 서로에게 썩 마음에 들 수는 없을 것이다. TV 채널을 선택하는 것도 여
자와 남자의 취향은 다르다. 특별히 여자와 남자라고 해서 다르다는 것이 아니
라 인간은 모두 각자의 취향이 있기 마련이다. 남편은 야구중계를 보고 싶지만
아내는 드라마를 보고 싶은 것처럼 각자 나름대로 좋아하는 기준이 다르기 마
련이다. 어느 때는 선택의 일치를 봐서 평온하지만 어느 때는 선택이 다르기 때
문에 다투기도 한다.

　　성격차이만큼 애매모호한 이별 사유가 있을까. 하지만 다른 이들의 동의를
얻는 것도 쉽다. "성격이 맞지 않아서 헤어지려고 해"라고 친구가 말하면 "그래,

성격이 다르면 함께 하기 힘들지"라고 수긍하는 사람이 더 많다. 그렇더라도 모든 사랑하는 연인들이 성격차이로 헤어지는 것은 아니다. 그럼 어떻게 해야 성격차이를 극복할 수 있을까.

그대가 지금 사랑하는 사람과 성격차이로 고민이라면 그 해결점을 함께 모색해보자. 진정한 사랑이란 누군가를 이해하고 배려하는 것이다. 자기 자신을 일방적으로 상대방에게 이해시키고 이해받기만 원한다면 불행으로 끝날 수밖에 없다.

연애든 결혼생활이든 상대방과의 성격차이는 반드시 존재한다. 쌍둥이라도 모든 선택을 똑같이 할 수 없는 것 아닌가. 하물며 다른 부모, 다른 집안, 다른 환경에서 자란 두 사람이 동시에 똑같은 걸 추구할 수 없다.

성격이 안 맞아 걱정이라면 자신의 성격적 특성을 분석해볼 필요가 있다. 우선 자기 자신을 알아야 하는 것이다. MBTI와 같은 간단한 성격유형검사를 해보는 것도 좋다. 수많은 과학자와 박사들에게 과학적으로 검증된 것으로 믿을 만하다.

나는 성격이 조금 급하다. 그래서 사랑하는 사람과의 관계에서 급한 성격을 드러내기도 했다. 이젠 그런 성격을 조금 누그러뜨리고 천천히 생각하고 천천히 행동하고 있는 중이다. 그러자 사이가 한결 좋아지고 있다.

성격차이는 이별의 전제조건이 아니다. 상대방의 성격을 포용해주지 못하는 것이 이별의 원인이다. 그러므로 지금 사랑하고 있는 그 사람과 헤어지기 싫다면 자신의 성격적 특성을 알고 상대방의 성격을 포용할 줄 알아야 한다. 그 말은 즉, 나와 상대방의 성격 모두를 간파해야 한다는 말이다. 이해하는 것은 지는 것이 아니다. 양보하는 것은 굴복하는 것이 아니다. 오늘 그대가 저 주어서 사랑하는 사람이 행복해한다면 저녁식사 메뉴를 양보하는 것이 뭐 그리 대수인가.

나는 연인과 성격차이로 자주 갈등을 겪었다. 때문에 많이 힘들었다. 그 사람을 사랑하지만, 그의 성격까지는 사랑하지 못했던 것 같다.

이제부터는 성격이 맞지 않는 것을 걱정하지 않을 것이다. 서로 성격이 다른 것은 당연한 일이다. 우리는 각자의 별나라에서 살다 온 사람들이기 때문이다. 내가 그 사람을 사랑한다면 이제 하나의 별에서 살기 위해 노력해야 한다. 하나의 별에서 두 사람이 살기 위해서는 우선 한 사람만이라도 이해와 양보를 해야 한다. 나는 그것이 무척 힘든 일인 줄 알지만 먼저 양보하고 이해하고자 한다. 그는 내가 목숨만큼 사랑하는 사람이기 때문이다.

누　　　군　　　가
자신을　비난할까
걱　정　될　　때

3

　　10대 때 귀에 이어폰을 꽂고 노래를 많이 들었다. 음악을 밥보다 더 좋아해서 길을 걸어가면서도 듣고 버스를 타고 다니면서도 들었다. 그랬더니 어느 날부터인가 작은 소리가 잘 들리지 않는 것이었다. 요즘 같으면 당장 이비인후과를 갔을 것이지만 그 시절의 나는 그 정도는 별것 아니라고 생각했다.

　　그런데 어느 날, 교실에서 청소를 하고 있는데 친구 서너 명이 모여서 나를 보면서 웃는 것이었다. 자기들끼리 무슨 말인가를 하는데 가는귀가 먹은 나의 귀에는 윙윙거리는 소리만 들렸다. 왠지 그 모습이 거슬렸다. 무슨 음모를 모의하는 것처럼 음흉해 보였다. 그래서 혼자 제멋대로 상상을 했다.

　　'정말 수상해. 지금 내 흉을 보는 게 틀림없어!'

　　그렇게 상상하니까 화가 났다. 그렇게 생각하고 그 친구들을 쳐다보니 정말 내 이야기를 하는 것처럼 보였다. 비웃는 것 같고 나를 조롱하는 것 같았다. 그런데 나중에 알고 보니 그 친구들은 내 칭찬을 하고 있었다. 오해해서 하마터면 좋은 친구들을 나쁜 친구들로 여길 뻔 했던 아찔했던 기억이다.

이런 경우는 정말 많은 줄 안다. 그대도 누군가 자신을 비난하는 것 같은 찜찜한 경우를 많이 겪었을 것이다. 지금도 그런 걱정에 사로잡혀 있을지도 모른다. 그런데 그것은 기우다. 다른 사람이 자신을 비난하지 않을까 하는 걱정은 정말 영양가 없는 걱정 중에서도 으뜸이다.

왜 다른 사람이 자신을 평가하는 것에 연연하는가. 내가 정직하고, 최선을 다해 살고 있다면 걱정할 필요 없다. 남이 나를 바라본 모습도 중요하지만, 스스로 부끄럽지 않게 살지 않았는가가 더 중요하다.

살다보면 여기저기서 그대를 비평하는 소리가 들릴 것이다. 그것은 정말 자주 마주치게 되는 현상이다. 또한 드물게 칭찬을 하는 사람도 만날 것이다. 다른 사람이 비난을 하든지 칭찬을 하든지 거기에 일희일비하지 마라. 그것만이 누군가에게 비난받을까 걱정되는 그대에게 가장 적절한 해결법이다. 또한 인생을 평화롭게 살아가는 좋은 방법이다. 오늘 이 시간부터 다른 사람의 부정적 평가에 귀를 곤두세우던 옛 습관을 버리기를 바란다. 그것만큼 시간을 낭비하는 일도 드물다.

나는 유난히 다른 사람의 말에 귀를 기울이는 편이다. 특히 누가 내 흉을 보지 않을까 노심초사하면서 살아왔다. 그런데 거기에 신경을 너무 많이 쓴 나머지 신경성 위염에 걸리고 말았다. 내가 왜 그랬을까. 나의 어리석음을 반성한다.

지금 이 순간부터 나는 다른 사람이 나를 비난하는 일에 신경 쓰지 않을 것이다. 그들의 평가는 공정하지 못하다. 나에 대한 평가는 내가 한다. 나는 자신을 사랑하고 존중하므로 다른 사람의 일방적이고 편파적인 부정적 평가에 연연하지 않는다.

4

　나 홀로 가구 수가 전체 가구의 24%가 넘는다. 이것은 무엇을 의미하는가. 혼자서 사는 사람이 그만큼 증가하고 있다는 증거다. 요즘은 결혼 적령기도 예전보다 높아졌다. 그리고 결혼을 안 하고 독신으로 사는 걸 택한 사람도 증가하고 있다. 여러 이유가 있겠지만 무엇보다도 경제적 부담이 크기 때문일 것이다. 자녀 한 명을 성인으로 키우기 위해 수억 원이 필요한 시대가 되다 보니 결혼에 대한 욕구가 줄어든 것이다.

　하지만 독신주의자가 아닌데, 혼자 사는 이들의 마음은 외롭다. 평생 독신으로 살 것이 걱정되고 혹시나 늙어서 고독사를 하지 않을까 하는 염려도 되기 때문이다. 이웃나라인 일본만 해도 고독사가 큰 사회적 문제로 대두되고 있는 중이다. 우리나라도 예외가 아니다. 뉴스에서는 심심찮게 혼자 살던 사람이

숨진 지 몇 개월 만에 발견되었다고 보도된다. 혼자 살아서 외로운가. 평생 독신으로 살아갈 일이 걱정인가. 만약 그런 걱정이 있다면 독신의 삶에 대해 생각해보자.

독신의 삶은 외롭고 쓸쓸하기만 한 걸까. 결코 그렇지 않다. 수많은 사람들이 혼자 사는 사람을 부러워하고 있다. 가족들 틈에서 부대끼고 살다보면 혼자 살던 미혼의 시절이 그리워지는 것이다. 그러니 그대는 자신의 삶을 한탄할 필요가 없다. 그대를 부러워하고 동경하는 사람들도 많다

혼자 있으면 자유롭다. 우선 텔레비전을 볼 때 채널을 가지고 싸울 필요가 없으며, 먹고 싶은 것을 자유롭게 선택해서 먹을 수 있다. 무엇보다도 자고 싶을 때 자고 일어나고 싶을 때 일어나면 된다. 늦잠 잔다고 윽박지를 사람이 없으니 얼마나 좋은가. 가장 좋은 점은 경제적 여유가 아닐까 싶다. 자신이 번 돈을 모두 자기 자신을 위해 쓸 수 있다.

평생 혼자 살다 죽는다고 해도 걱정할 일은 아니다. 어차피 인간은 혼자 왔다가 혼자 가는 고독한 여행자이다. 그러므로 그대의 삶이 지독하게 쓸쓸하고 고적하더라도 울지 마라. 사람은 외로움을 감당해내면서 성숙해간다. 어쩌면 그대는 세상에서 가장 자유로운 사람이다. 어떤 것에도 얽매이지 않은 바람과 같은 자유를 그대는 가지고 있다. 자신의 처지의 단점을 보면 어느 한 사람 행복한 사람이 없을 것이다. 결혼한 사람, 이혼한 사람, 사별한 사람 모두 말이다. 자신의 처지의 장점을 보라. 혼자 사는 것의 즐거움을 찾아보자. 혼자 살아서 편하고 행복한 것은 무한대로 많을 것이다.

혼자서 중년을 맞이하게 되니 걱정이 되기 시작했다. 이렇게 혼자 외롭게 살다 고독사 하는 것은 아닐까.

하지만 지금부터는 그런 걱정으로 날 괴롭히지 않을 작정이다. 가만히 생각해보니 혼자 사는 것의 좋은 점은 정말 많다. 내가 듣고 싶은 노래를 듣고, 내가 보고 싶은 드라마를 보고, 내가 먹고 싶은 음식을 먹을 수 있다. 누군가의 잔소리를 듣지 않아도 되고, 누군가의 눈치를 보지 않아도 된다. 조금 벌면 조금 번대로 쓰고, 많이 벌면 많이 번대로 쓰면 된다. 나를 부러워하는 친구들도 많다. 나는 자유로운 사람이다. 내 삶에 대해서 감사하자. 혼자 살아서 생기는 단점보다는 장점을 생각하는 사람이 되어야겠다.

독심술을 배우고 싶다는 생각이 든 적이 있었다. 남자친구의 속마음이 궁금한데 좀처럼 알아챌 수 없을 때였던 것 같다. 독심술이란 일종의 마술이며 속임수다. 세상에 다른 사람의 속마음을 완벽하게 알아낼 수 있는 기술은 실상 없다. 그렇지만 수많은 책들은 누군가의 속마음을 알아채고 그에 맞게 대응하는 법을 가르쳐주고 있다. 각종 연애서, 처세술, 성공비법에 감춰진 진실은 바로 독심술이라 불려도 될 만한 인간의 마음을 조정하는 것이 아니겠는가.

지금 상대방의 속마음이 궁금한가. 그가 지금 무슨 생각을 하고 있는지, 그녀가 지금 어떤 마음을 가지고 나를 대하는지 걱정되는가. 그렇다면 그럴 때는 어떻게 해야 할까. 우리 모두가 마술사가 될 수는 없다. 하지만 독심술에 가까운 것들을 익힐 수는 있다. 상대의 속마음이 궁금하다면 겉으로 드러난 그의 표정, 말투, 행동을 관찰하면 된다. 속이 잘 익은 과일은 향긋한 향과 단내를 풍기고, 속이 썩은 과일은 악취를 풍기게 된다. 인간도 과일과 다르지 않다. 속에 든 것은 반드시 밖으로 드러나게 되어 있다.

구태여 독심술을 익히지 않아도 그대는 상대방의 속마음이 지금 어떠한지 알아낼 수 있다. 나는 거짓말을 하는 게 어색하다. 표정도 어색하고 말투도 어색해진다. 어떤 사람은 거짓말을 해도 눈 한번 깜박 안 하기도 하지만 대부분의 사람들은 자신의 속마음과 다른 말을 할 때 눈빛이 흔들린다. 그것을 읽어내라. 가늘게 떨리는 속눈썹, 평소와는 다른 시선, 굳게 다물어진 입술 등. 상대방은 지금 온몸으로 속마음을 드러내고 있는 중이다.

그리고 무엇보다 중요한 것은 이것이다. 상대방의 속마음을 들여다보려고 애쓰는 대신 나의 진심을 상대방에게 선물하는 것이다. 그렇게 하면 서로가 서로의 속마음을 몰라 애태우는 일은 벌어지지 않을 것이다. 왜냐하면 신뢰가 형성되기 때문이다. 서로를 믿을 수 있고 의심하지 않게 되면 관계의 질이 높아질 것이다. 상대방의 속마음이 어떨지 걱정하지 말자. 먼저 진심을 전하면 상대방도 진심에 감흥하게 되어 있다.

걱정 날리기

사장님께서 요즘 날 바라보는 시선이 차갑다. 그래서 난 걱정했다. 사장님의 속마음이 궁금하고 혹시 날 미워하는 것은 아닐까 고민되었다.

하지만 이제는 걱정하지 않아도 된다. 왜냐하면 난 사장님의 속마음을 읽으려고 하는 대신 내 속마음을 사장님께 전하기로 결심했기 때문이다. 나는 우리 회사를 사랑하고 사장님을 존경한다. 이런 내 마음을 사장님께 보여드릴 예정이다. 혹시 사장님께서 날 탐탁하지 않게 여기신다고 해도 괜찮다. 내 자리에서 묵묵히 최선을 다할 것이다. 그러면 언젠가는 진심이 전해질 것을 믿는다.

윗사람에게 혼날 것이 걱정될 때

6

어느 집에서나 벌어질 법한 이야기를 하나 할까 한다. 아이는 중간고사를 망쳤다. 부모님이 이 사실을 안다면 얼마나 실망하시고 노여워하실까, 아이는 시험이 끝난 후부터 공포에 사로잡힌다. 밥을 먹어도 잠을 자도 부모님께서 시험성적을 아실까 가시방석에 앉아 있는 기분이다. 이런 적이 있지 않았는가.

나도 학창 시절에 그런 경험이 있다. 유난히 나를 아꼈던 오빠는 시험성적이 떨어지면 혼을 냈기 때문에 가끔 시험을 못 볼 때는 걱정을 했다. 윗사람에게 혼날 것이 걱정되는가. 부모님 혹은 직장 상사나 선생님에게 혼날 것이 걱정된다면 이제 그 고민으로부터 탈출하자. 어떻게 해야 할까. 윗사람은 우리들보다 인생을 더 많이 산 사람들이다. 우리는 윗사람에게 어느 정도의 공경을 해야 한다. 그것은 인생선배로서의 대우다. 그러면 그들이 우리를 혼낼 수도 있다는 것을 받아들이는 것은 어렵지 않다.

나만큼 윗사람에 대한 반감을 가진 사람도 드물 것이다. 어린 시절에 레스토랑에서 아르바이트를 한 적이 있었다. 일을 잘 하는 편이어서 적응을 금방 할 수 있었다. 그런데 그 시절의 나는 어른들이 하는 잔소리에 유난히 예민했다. 사장님이 잘못을 한 가지 지적했는데 거기에 과민반응을 하고 만 것이다. 내 생에 첫 아르바이트는 사장님과 한바탕 말싸움을 한 후 끝나고 말았다. 그때는 왜 그랬는지 지금 생각해도 이해불가다. 지금 같으면 사장님의 말씀을 새겨듣고 잘못을 고치기 위해 노력했을 것이다. 윗사람은 우리를 괴롭히려고 존재하는 사람들이 아니다.

어른이 아이를 혼내는 것은 아이가 잘되기를 바라는 마음에서다. 관심이 없는 사람에게는 나쁜 짓을 하든 잘못된 길로 접어들든 관여하지 않는다는 사실을 기억하자. 자신을 사랑하는 마음에서 하는 윗사람의 말은 어쩌면 인생의 보약과도 같다. 그러므로 윗사람에게 혼날 것은 걱정할 일이 아니다. 그들이 살아온 시간 동안 얻은 귀한 인생의 지혜를 듣는 소중한 시간이라고 긍정적으로 생각해보자.

걱정 날리기

며칠 전에 나는 윗사람에게 혼날 일을 저질렀다. 그것은 누가 봐도 윗사람이 화를 낼 만한 잘못된 일이다. 그 일 때문에 잠을 이루지 못할 정도로 걱정을 했다. 나를 두려움에 떨게 한 사람은 바로 우리 아버지다. 아버지는 화가 나면 무서운 분이다. 어떤 처분이 내려질지 너무 걱정되고 조바심이 난다.

그러나 이제는 걱정을 접을 것이다. 나는 걱정하지 않기로 했다. 아버지를 비롯한 윗세대들은 분명히 지금의 내 또래들보다 지혜가 많고 인생 경험이 풍부한 이들이다. 그분들의 조언은 어쩌면 인생의 훌륭한 밑거름이 될지도 모르는 일이다. 잘못은 쿨하게 인정하고 혼날 일이 있으면 기꺼이 혼나자. 두려워하는 대신 돈 주고도 살 수 없는 소중한 지혜를 얻는 시간이라고 좋게 생각하면 될 일이다.

맞선 볼 일이
걱 정 될 때

7

　　노총각 노처녀가 넘치는 사회다. 결혼 적령기도 최근 10년 동안 서른을 훌쩍 넘기고 있다. 그래서 노처녀와 노총각의 기준이 예전과는 사뭇 달라진 형국이다. 결혼을 하기 위해 많은 사람들이 맞선을 본다. 공부는 잘해도 연애는 못하는 사람이 꽤 많고, 연애를 잘해도 결혼하지 못하고 이별만 반복하는 사람도 꽤 된다. 그래서 맞선이라는 형식으로 짝을 찾는 것이다.

　　맞선, 그대가 지금 맞선을 앞두고 있다면 많이 걱정될 수도 있다. 이런 걱정은 행복한 걱정이 아닐까 싶다. 맞선도 때가 있는 것이니까. 맞선을 보기 위해 어떻게 해야 할까. 좋은 짝을 만나서 행복한 가정을 이루기를 바란다면 맞선을 볼 때도 준비가 필요하다. 이제 맞선에 대한 막연한 걱정은 접어두고 구체적으로 어떻게 할까를 생각해봐야 한다.

우선 맞선을 볼 상대방에 대한 예의가 필요할 듯싶다. 맞선이라는 것도 결국 사람과 사람의 만남이 아니겠는가. 예의란 한 사람에 대한 따뜻하고 정성 어린 배려의 발현이다. 맞선을 보기 위해 만난 상대방에게 예의를 지키기 위해서는 우선 자신의 자세를 점검하는 것이 필요하다. 지저분한 몰골로 맞선 장소에 나간다거나 영 마음에도 없는데 억지로 그 자리에 나간다는 것은 맞선 상대에 대한 예의가 아닐 것이다. 나가고 싶지 않은 자리는 애초 나가지 말자. 억지로 선본다는 것은 서로를 괴롭게 만드는 일이다. 그리고 이왕 맞선을 보기로 했다면 최대한 기분 좋게 그 자리에 나가라.

미용실에 가서 머리도 단정하게 손질하고 집에 있는 옷 중에서 가장 좋은 옷을 입고 나가라. 어쩌면 오늘 이 만남이 내 인생의 가장 중요한 사람과의 만남일지도 모른다는 생각을 하면 그 시간이 더 귀하게 여겨질 것이다. 상대방을 세상에서 가장 중요한 손님으로 여기고 대접하라. 혹시라도 마음에 들지 않아도 그 자리에서 내색하지 않도록 조심하자. 맞선에 나온 것만 해도 상대방에게 고마움을 느껴야 할 것이다. 나를 만나러 온 사람 아닌가. 맞선을 앞둔 그대, 걱정은 금물이다. 그대가 상대방에 대해 최선을 다해 마음을 전하면 좋은 인연이 이루어질 것이다. 이번 맞선으로 평생을 함께할 소중한 사람을 만날 수 있을 것이다.

걱정 날리기

부모님의 성화로 맞선을 보게 되었다. 사진을 보았는데 마음에 들었다.

나는 맞선을 보는 일이 처음이다. 그래서 걱정된다. 과연 내가 그 자리에서 잘할 수 있을까. 혹시 실수라도 해서 상대방에게 웃음거리가 되지 않을까. 그러나 이젠 그런 걱정을 하지 않을 생각이다. 그 대신 상대방에게 나의 진심을 전하기 위해 노력할 것이다. 비록 맞선이라는 형식으로 만나게 된 사람이지만 나를 만나기 위해 나올 그 사람이 참 고맙다. 짧은 시간이지만 나란 사람이 어떤 사람인지 보여주고, 그 사람이 어떤 사람인지 알아가는 알찬 시간이 될 것이라 믿으니 맞선이 무척 기다려진다.

8

집단 따돌림이 큰 문제가 되고 있다. 특히 학교나 직장에서 당하는 이런 왕따는 삶의 의욕을 현저하게 저하시키는 주범이라고 볼 수 있다. 최근 청소년들을 대상으로 '가장 고통스러울 때가 언제인가?' 설문조사를 한 결과 '왕따를 당할 때'라는 대답이 1위를 차지했다. 직장인을 대상으로 '직장생활을 하면서 가장 힘들 때는 언제인가?'라는 질문에 많은 업무나 월급이 적을 때를 제치고 '대인관계에 문제가 생겼을 때'가 힘들다는 답변이 가장 많았다. 그만큼 집단 따돌림을 당하거나 대인관계가 틀어지면 그 어떤 문제보다 큰 고통을 받는다는 것을 알 수 있다.

지금 친구들로부터 따돌림을 당하고 있는가. 그래서 걱정되고 죽고 싶을 만큼 괴로운가. 그렇다면 어떻게 이 어려움을 극복할 수 있을까. 나는 친구들과 친하게 지내고 싶은데, 친구들이 일방적으로 나를 외면하거나, 그들에게 잘 못한 일도 없는데 이런 보이지 않는 폭력을 당하는 것은 억울하고 서러운 일이 아닐 수 없다.

그래도 절망하지는 말자. 문제가 있으면 반드시 해결점은 있다. 만일 그대가 지금 집단 따돌림의 피해자라면 이렇게 해보는 건 어떨까. 자신을 따돌리는 이들이 누구인지 떠올려보라. 그들은 어떤 성향의 사람들인가. 따돌림 당하는 사람도 피해자지만 자세히 파고들어 보면 따돌리는 사람도 사회적 피해자이다. 그들 대부분은 어떤 열등의식에 사로잡힌 경우가 많다. 자신은 결코 인정하지 않을 이 열등의식은 그 반대로 표현된다. 바로 지나친 자기과시이다. 그래서 자기보다 약해 보이는 사람, 자기보다 지나치게 우월해 보이는 사람을 공격하는 것이다.

그럼 여기에서 우리는 왕따 가해자들을 어떻게 다루어야 할지 알 수 있게 된다. 그들은 사랑이 결핍된 아기들이나 마찬가지다. 그들은 무리 지어 다니면서 스스로의 약함과 단점을 보완하려 한다. 하지만 그들도 자신이 하고 있는 행동이 잘못된 것임을 안다.

지금 그대를 따돌리는 이들은 그대를 미워하는 것이 아니다. 삶에 자신이 없고 불만이 많은 것을 엉뚱한 것으로 분출하고 있는 중이다. 그러므로 그대를 왕따시키는 이들에게 사랑과 미소를 주어라. 이것은 불행한 왕따 피해자가 아닌 왕따를 시키는 이들을 치유할 수 있는 사람으로 거듭나는 일이다. 그렇게 하다 보면 한 명, 두 명 그대에게 끌려올 것이다. 그들도 외로운 사람이기 때문이다.

새로 전학 온 학교에서 친구들 몇 명이 이유도 없이 나를 왕따시켜서 괴로웠다. 그것이 걱정되어서 공부조차 제대로 할 수 없었다. 성적도 곤두박질치고 말았다.

나는 이제부터 걱정을 하지 않기로 했다. 가만히 생각해보니 나를 따돌리는 친구들은 모두 각각의 아픈 사연을 지닌 친구들이었다. 내가 그들의 태도만을 원망할 때는 괴롭고 힘들었지만 이제 그들의 태도 속에 감춰진 아픔을 이해하게 되자 연민이 밀려왔다. 나는 친구들이 나와 놀아주지 않는다고 한탄하지 않을 것이다. 그 대신 내가 먼저 놀자고 손 내밀어 줄 것이다. 너희들도 나처럼 모두 아프고 외로운 존재라는 것을 알고 있으니까.

단　　채　　　로
여행　가는　일이
걱　정　될　때

　　수학여행을 가기 전에 설레는 마음을 가져본 사람은 알 것이다. 몇 번이고 짐 가방을 싸고 풀어헤치면서 느끼는 것. 그 설렘 속에는 기대와 걱정이 반반이라는 것을. 어른이 되어서도 우리는 단체로 여행을 간다. 그리고 그런 여행은 수학여행과 마찬가지로 기대와 걱정을 동반한다.

　　왜 단체로 여행을 가는 일이 기대되면서도 걱정되는 것일까. 마냥 기대만 되고 기분 좋은 설렘만 있으면 참 좋을 텐데 우리는 거기에 걱정을 더한다. 여행 가는 도중에 멀미를 하지 않을까, 잠자리는 불편하지 않을까, 여행을 같이 가는 사람들이 성격이 까다롭지 않을까, 여행지의 음식이 입에 맞을까 등. 걱정 거리를 찾다보면 A4용지를 가득 채우고도 남을 것이다.

　　가까운 시일 내에 단체여행을 가기로 되어 있는가. 그런데 자꾸 걱정되고 불안한가. 그럴 때는 어떻게 해야 할까 생각해보자. 여행이 주는 걱정과 근심에서 벗어나서 긍정적인 기대를 해보는 것이 바람직하다. 예를 들어, 여행지의 정보를 미리 인터넷에서 검색해보고 그 고장의 음식과 풍경을 습득하는 것이다. 그러면 여행에 대한 즐거운 기대가 형성되기 쉽다.

또한 함께 여행 갈 사람들을 미리 마음속으로 친구라고 칭해놓으면 좋을 것 같다. 수학여행을 간다면 학교 친구들 모두를 절친이라고 규정하는 것이다. 여행사에서 마련한 단체여행이라면 전혀 모르는 사람일 것이다. 그 낯선 사람들을 이미 잘 알고 있는 친구들이라고 생각하고 간다면 부담이 덜할 것이다.

여행이란 무엇인가. 답답한 일상을 벗어나서 새로운 활력을 얻는 기회다. 삶의 윤활유요, 좋은 친구를 만날 수 있는 시간이기도 하다. 이런 긍정적이고 좋은 점에 관심을 기울이면 여행길에 생길지도 모르는 재수 없는 일들에 대해 미리부터 겁먹지 않아도 될 것이다. 단체 여행은 나 홀로 여행보다 좋은 점이 분명히 있다. 같은 곳을 향해 같이 갈 친구들이 있다는 것은 얼마나 든든한가. 이번 여행으로 그대는 인생의 폭을 넓힐 수 있을 것이다. 행복하고 즐거운 여행이 되리라 여겨라. 그러면 걱정은 저 멀리 사라질 것이다.

걱정 날리기

며칠 있으면 여행을 간다. 늘 혼자 하던 여행에 익숙했던 내가 단체여행에 잘 적응할지 걱정이다. 그래서 여행 가는 것이 스트레스가 되어버렸다.

이제는 그런 걱정을 하지 않겠다. 여행이란 걱정을 떨쳐낼 수 있는 절호의 기회가 아닌가. 이번 여행은 많은 것들을 배우고 인생의 관점을 확립하는 데도 큰 도움이 될 것 같다. 그래서 기대가 된다. 어떤 사람들을 만날까 궁금하다. 어떤 아름다운 풍경이 나를 기다릴까. 어떤 맛있는 음식이 나를 반겨줄까. 모든 것들에 뜨거운 관심을 가지고 열렬히 탐험하는 생애 최고의 여행이 될 것이다.

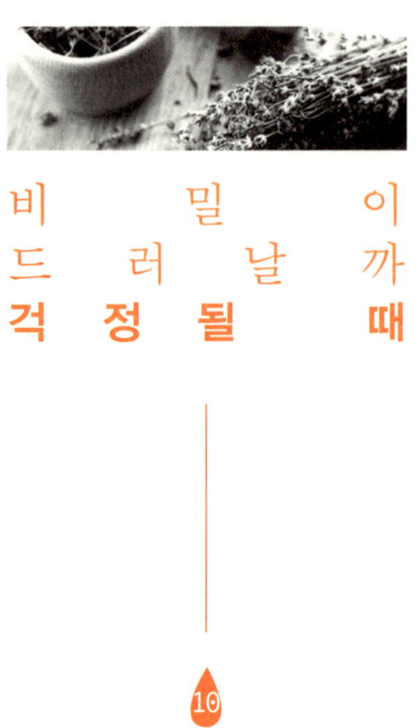

10

이런 경험이 있지 않은가. 어릴 적 엄마 몰래 술을 마셨거나 담배를 피웠을 때 혹시나 들킬까 가슴 졸였던 기억. 그리고 신기하게도 엄마는 그런 우리를 보면서 더 다정하게 대해주시곤 했다. 알면서도 모른 척해 주신 것이리라. 누구에게나 비밀이 있다. 비밀의 정도에 따라 상중하로 구분되는데 대부분의 비밀은 중 이상의 가치를 지니고 있다. 비밀이기 때문이다. 다른 사람에게 드러내놓고 싶지 않은 것이 비밀 아니겠는가.

비밀을 간직하고 사는 사람은 많다. 그런데 평생 이 비밀이 드러나지 않고 산다는 것도 힘든 일이다. 요즘처럼 정보가 만천하에 공개되고 정보를 추적하기가 쉬워진 시대에는 더욱 그러하다. 연예인들은 과거의 사생활까지 낱낱이 파헤쳐져서 본의 아니게 고통을 받는 경우도 있다. 자기 자신조차도 잊어버린

까마득한 일들이 드러나서 수모를 겪는 경우를 우리는 종종 목격한다. 일반인도 예외가 아니다. 자신만 혼자 알고 싶고 간직하고 싶은 비밀을 누군가가 파헤쳐서 웃음거리로 만드는 예는 얼마든지 있다.

혹시 지금 그대의 비밀이 드러날 위기에 처해있는가. 누군가가 자신의 비밀을 알아차리는 것 같아서 불안하고 걱정되는가. 다른 사람이 알지 않았으면 하는 비밀은 대부분 부정적인 과거일 경우가 많다. 예를 들어 어린 시절의 나쁜 행동, 헤어진 연인과의 과거사, 사업을 하면서 저지른 부정 등. 그렇다고 이 일들이 모두 드러나 사회적 지탄을 받아야만 하는 것은 아니다.

비밀이 비밀로 유지될 때 차라리 가정이 평안하고 사회가 안정될 수도 있다. 그런데 이런 비밀이 드러날 위기라면 걱정이 되는 것은 당연한 일이다. 하지만 걱정으로 얻을 것은 없다. 얻어지는 것이 있다면 그것은 불면과 고통일 뿐임을 기억하자.

비밀이 드러날 것 같아서 걱정이라면 이렇게 해보는 건 어떨까. 두 가지 경우가 있다. 드러날 비밀이 범죄행위가 아닐 때와 범죄행위일 때. 범죄행위라면 죄의 대가를 치르겠다고 생각하면 된다. 범죄행위가 아니라면 약간의 수치심과 모멸감을 견뎌내겠다고 생각하면 된다. 그렇게 홀가분하게 생각하면 더 이상 걱정할 필요가 없을 것이다. 유지되면 비밀이지만 드러나게 되면 더 이상 비밀이 아니다. 그러므로 평상시에 비밀을 잘 지켜야 할 것이다.

내게는 부모님께도 자식에게도 말 못할 비밀이 있다. 이 비밀은 세상 누구에게도 발설하지 않은 나만의 과거다. 드러나면 내게 큰 타격을 입힐 비밀이기에 누군가가 알아채서 세상에 드러나지 않을까 걱정을 많이 했다. 그랬더니 사람이 소심해지는 것이었다.

이제는 그런 걱정을 하지 않을 작정이다. 비밀이 드러난다고 해도 나는 감당할 자신이 있다. 내가 바라는 것은 이 비밀이 밝혀지지 않고 영원히 묻혀있는 것이지만 혹시라도 드러나게 된다고 해도 그 파장을 감당할 것이다. 왜냐하면 비밀 역시 나의 소중한 역사이기 때문이다. 어떤 과거의 나라도 나를 사랑하기 때문이다.

망신당할 일이 걱정될 때

어떤 사람이 있었다. 그는 매사에 철저한 완벽주의였다. 회사에서도 그의 완벽을 추구하는 자질은 유감없이 발휘되어서 초고속 승진을 하고 있었다. 그런데 어느 날, 그는 일생일대의 위기의식을 느끼게 되었다. 다름 아닌 신발 때문이었다. 어머니가 사주신 구두 밑창이 갑자기 떨어진 것이었다. 하필이면 중요한 회의가 열리기 5분 전이었다. 그는 발표자였고 연단에 올라서야만 했다. 그는 망신당할까 걱정하면서 식은땀을 흘리기 시작했다.

철저한 완벽주의자가 아니어도 우리는 사람들에게 망신당할 일이 생기면 걱정하지 않을 수 없다. 학교 다닐 때부터 회사에 다닐 때까지 그리고 은퇴 후에도 혼자 살 것이 아니라면 늘 사람들의 틈에서 살아가야 하기 때문이다. 언제든 망신당할 일은 생기기 마련이다. 늘 조심하고 주의를 살펴도 예기치 않게 벌어지는 일을 다 막아낼 수는 없다. 사소하게는 양말을 짝짝이로 신는 것부터 시작해서 서류에 날짜를 잘못 기재한 일에 이르기까지 다양한 일들이 벌어진다.

특히 평소 나를 미워하던 사람은 망신을 주고 싶어 한다. 이유 없이 누군가로부터 미움을 받아본 사람은 안다. 그 황당함이란 말로 표현할 수가 없다. 이해가 가지 않는 상대바의 분노는 괜한 자기 질책으로 이어질 수 있다.

"내가 그 사람에게 뭘 잘못한 걸 아닐까?"

그러나 대부분 그 사람 혼자서 키워온 증오이다. 자신의 입장에서만 서서 다른 사람을 향한 분노의 화살을 쏘고 있는 사람이 우리 곁에는 많다. 그들의 공격을 받게 되면 인간관계 자체에 염증을 느낄 수도 있다. 다른 사람이 나를 미워하는 걸 느낀 순간, 누가 그 사실을 기뻐할 수 있겠는가. 게다가 그럴 만한 이유가 없다면 더욱 기분 나쁠 것이다.

만약 그대에게 그런 일이 발생하면 사태에 따라 유연하게 대처해야 한다. 신발 밑창이 터진 발표자라면 맨발로 연단에 올라서면서 이렇게 말할 수도 있다.

"여러분, 저는 이제부터 맨발로 뛰겠습니다. 고객들의 말을 맨발로 달려가서 듣는 열정으로 우리 회사를 위해 일하겠습니다."

이렇게 한다면 신발 신고 말하는 것보다 더 감동적일 수도 있다.

또 잘못을 저질러서 망신당할 것 같으면 잘못을 인정하고 참회하는 모습을 보여야 한다. 그러면 사람들은 반성하는 모습을 보면서 비난하고픈 욕구를 참을 것이기 때문이다. 걱정 말자. 혹시 망신당하더라도 우리에게는 아직 내일이 있다. 내일의 태양이 찬란하게 떠올라 망신당해서 지친 마음과 영혼을 어루만져 줄 것이다.

며칠 전부터 심하게 앓았다. 내가 저지른 어떤 실수로 사람들에게 큰 망신을 당하게 생겼기 때문이다. 창피해서 문 밖을 못 나설 지경이었다. 그러나 지금 이 순간부터는 망신당할 것을 걱정하지 않겠다. 실수는 이미 저지른 일이다. 되돌릴 수 없다. 그러므로 나는 현재에 충실해야 한다. 망신이란 것은 어쩌면 주관적인 판단일 것이다. 그들은 그럴 권리가 있다. 나를 비난하든 칭찬하든 그것은 각 개인의 자유이기 때문이다. 그러므로 누군가 나를 조롱한다고 해도 개의치 않을 것이다. 모든 인간이 누려야 할 표현의 자유를 존중한다.

　　예전에 나에게 좋지 않은 기억으로 남아있는 한 사람이 있다. 그와는 이제 연락이 되질 않는다. 그런데 그 사람과 닮은 사람을 보면 그와의 좋지 않았던 기억이 떠올라 불쾌했다. 악연이란 이렇듯 오래간다. 심지어 그가 이 세상에서 사라진다고 해도 말이다. 그런데 만약 악연이 있는 사람과 마주칠 일이 생긴다면 얼마나 스트레스를 받겠는가. 절대 보고 싶지 않은 사람, 기억조차 하기 싫은 사람. 이름만 들어도 온몸에 소름이 돋는 사람을 직접 봐야 한다면 걱정되지 않을 수 없을 것이다.

　　가까운 시일 내에 악연이 있는 사람과 만나야 하는가. 그래서 걱정되고 스트레스를 받아서 머리가 빠질 지경인가. 괜찮다. 먼저 숨을 크게 들이쉬자. 긴장하지 말고 악연이 있는 사람을 떠올려보자. 그 사람과 있었던 과거의 좋지 않은 기억을 상기시켜라. 회피하고 싶어도 어떤 일이 있었는지 자세히 관찰해보는 것이다. 그가 화를 내고 폭력을 썼는가. 그가 가당치 않은 말로 그대를 비난했는가. 그가 그대를 배신했는가. 그래서 그대는 그 사람의 무엇이 싫었는가. 그 사람의 말투인가, 얼굴인가, 표정인가, 그 사람 자체인가.

자세히 생각해보면 자신과 악연이 있었던 사람도 완전하게 악인은 아니라는 것을 알게 될 것이다. 제3자의 눈으로 그를 보면 의외로 착한 면도 있고 성실한 면도 있을 것이다. 그렇다면 그를 인정하자. 그리고 그때의 좋지 않았던 기억들을 삭제해보자. 나쁜 기억을 지우고 다시 생각해 보는 것이다. 이제 그 사람은 본연의 그가 된다. 과거 나쁜 짓을 저지른 악인이 아니라 행복하게 살기 위해 이 세상에 태어난 순수한 아기가 되는 것이다. 그는 사랑스러운 아기다. 그렇지 않은가.

다시 호흡을 가다듬고 그와 만날 날짜와 장소, 시간을 떠올려보자. 이제 그를 만나더라도 그대는 두렵지 않을 것이다. 걱정되지 않을 것이다. 왜냐하면 그는 더 이상 그대와 악연으로 맺어진 사람이 아니라 세상에 행복해지기 위해 태어난 하나의 생명이기 때문이다. 그리고 그대가 이미 그 사람을 용서했기 때문이다. 악연이란 어쩌면 오류투성이의 허울이 아닐까. 기억이란 밀실 속에서 편협하게 규정한 부정적인 이미지의 표상이 악연을 맺은 사람들일지도 모른다.

걱정 날리기

기억 속의 그는 나쁜 사람이었다. 결코 용서할 수 없는 짓을 내게 저질렀다. 그런 사람을 만나야 한다니 나는 숨이 턱 막힐 만큼 걱정되었다. 그래서 힘들었다. 그러나 지금부터 그를 용서하고 기억 속의 감옥에서 풀어줄 것이다.

이제껏 내게 감금되어서 가끔 두들겨 맞고 밥도 굶었던 그 사람을 이제 용서하고 자유롭게 해줄 것이다. 그것이 우리 두 사람 모두를 위한 일이라는 것을 알았기 때문이다. 오히려 그를 만날 일이 설렌다. 이제 그 사람과 나는 악연이 아닌 좋은 인연이 될 것을 믿는다. 내가 그렇게 만들 것이다.

아 내 가
바 가 지 를 긁 어 서
걱 정 될 때

13

남편들이 가장 싫어하는 아내의 행동은 무엇일까. 아마도 바가지 긁는 것일 게다. 하루 종일 직장에서 업무에 시달리다가 귀가했는데, 아내에게 잔소리를 들으면 좋아할 남편이 없다. 하지만 아내 입장에서는 하루 종일 얼굴을 못 본 남편이기에 저녁시간에 하고 싶은 말을 하는 것일 수도 있다. 서로 입장을 바꿔서 보면 한 사람에게는 잔소리와 바가지요, 한 사람에게는 대화인 것이다. 아직까지 그 어원을 정확히 밝혀내지 못한 '바가지를 긁는다'라는 말은 어쩌면 바가지를 긁을 때처럼 시끄럽고 듣기 싫은 소리가 아내의 잔소리라는 말이 아닐까 싶다.

아내가 바가지를 긁어서 걱정인가. 아내가 제발 잔소리 좀 그만했으면 좋겠는가. 이런 고민을 하는 남편이라면 주목해보자. 내가 여자인 만큼 여자의 심리를 잘 안다. 여자의 마음을 대변해서 적어보면 남편에게 하는 잔소리는 애정 어린 말이다. 즉, 사랑받고 싶은 마음에서 우러나온 일종의 하소연이라고 보면 된다. 그러므로 바가지를 긁는 아내를 미워해서는 안된다. 아내는 지금 그대를 보면서 사랑하자고 속삭이고 있는 것이다. 잔소리를 하는 것도 관심이 있을 때나 가능하다. 관심 없는 사람에게는 말도 걸고 싶지 않은 것이 여자다.

하지만 듣기 좋은 말도 자꾸 들으면 짜증이 난다. 아내의 바가지 역시 마찬가지다. 어제 한 말을 오늘 또 하고 며칠 있다 또 하면 그것은 고문에 가까워진다. 그래서 남편은 아내의 잔소리를 싫어하는 것이다. 그러면 어떻게 해야 아내의 잔소리로부터 해방될 수 있을까. 술을 마실 때마다 바가지 긁는 아내와 사는 남편은 편안하게 마실 수 없다. 왜냐하면 수시로 전화가 와서 빨리 들어오라고 재촉할 것이기 때문이다. 아내의 잔소리로부터 벗어나고 싶다면 이렇게 하면 된다.

아내에게 매일 사랑한다고 고백하는 것이다. 이게 무슨 닭살 돋는 행각이냐고 화를 내실 남편분도 계실 것이다. 그러나 가정의 평화를 지키고 잔소리를 듣고 싶지 않다면 심각하게 고려해볼 방법이다. 퇴근하면 언제나 따뜻한 미소를 짓고 사랑한다고 말하면서 안아주는 남편에게 어떤 아내가 잔소리를 하고 바가지를 긁겠는가. 가끔 장미 꽃 한 송이를 선물하면 더 좋아할 사람이 바로 아내라는 사람이다. 아내는 지금 비싼 다이아몬드 반지나 거금을 바라는 것이 아니다. 그저 한 번만 더 안아주고 한 번만 더 키스해주고 한 번만 더 사랑한다고 말해주길 바라는 것이다. 잔소리하면서 짜증 내는 아내의 속마음은 바로 그것이다. 그 마음을 읽고 그렇게 해줄 수 있도록 노력해보자. 그리 어려운 일은 아니지 않은가.

나는 도무지 아내를 이해할 수가 없었다. 정말 별것도 아닌 일로 일일이 간섭하고 잔소리를 하기 때문이다. 심지어 퇴근하는 것이 즐겁지가 않을 지경이 되었다. 늘 아내가 바가지를 긁을 일을 걱정했다.

그런데 지금 생각해보니 내가 아내에게 여태껏 참 무심했던 것 같다. 한 번도 아내의 생일을 챙겨주거나 결혼기념일을 기억해본 적이 없었다. 아내의 처가가 이유로 1년에 한 번도 찾아가지 않았으며 하루가 멀다 하고 술집을 전전했다. 아내가 바가지를 긁는 이유의 상당 부분은 바로 나의 무심한 행동 때문이었다. 앞으로는 진심으로 아내를 사랑할 것이다. 생일도 챙겨주고 결혼기념일도 기억할 것이며 처가에도 자주 찾아갈 것이다. 그리고 사랑한다고 말하면서 그녀를 자주 안아줄 것이다.

엄　마　가
잔　소　리　할　까
걱　정　될　때

어릴 적 엄마는 내게 잔소리를 많이 하셨다. 그때는 그 잔소리가 왜 그렇게 듣기 싫었는지 모른다. 말대꾸를 잘하던 나는 엄마의 잔소리에 민감하게 반응했다. 그런데 이제는 엄마의 잔소리가 그립다. 미치도록 그립고 또 그립다. 내게 잔소리해주시던 엄마는 몇 년 전에 하늘나라로 떠나셨기 때문이다. 그 당시에는 그렇게도 듣기 싫던 소리가 이제는 사무치게 그리워지는 건 무슨 이유일까.

어머니는 세상에 단 한 분뿐이다. 물론 아버지도 계시지만 나를 직접 낳아주신 어머니에 대한 감정은 남다를 수밖에 없다. 하지만 청소년기나 젊은 시절 엄마로부터 잔소리를 듣지 않는 사람은 거의 없다. 그래서 엄마가 귀찮아지기도 하는 것이다. 따지고 보면 모두 우리를 위한 말씀인데 잔소리를 듣는 순간만큼은 감정이 격해진다.

오늘도 엄마의 잔소리를 들을 일이 걱정인가? 엄마의 잔소리 제발 그만 좀 하셨으면 좋겠다고 생각하는가? 그런데 아는가? 그건 정말 행복한 걱정이다. 지금까지 많은 걱정에 대해 이야기해왔지만 엄마의 잔소리는 걱정이 아닌 행복한 비명이라고 말해주고 싶다. 왜냐하면 그 잔소리는 바로 세상에서 나를 가장 많이 사랑하는 사람이 나를 염려해주는 말이기 때문이다.

그리고 다시는 들을 수 없는 날이 반드시 오기 때문이다. 그리워도 다시는 그 소리를 들을 수 없다는 것, 난 왜 더 일찍 깨닫지 못했을까. 만일 그대가 엄마의 잔소리가 정말 싫다면 그래서 독립이라도 하고 싶다면 잠시 마음을 가다듬어라. 그리고 무슨 잔소리인지 생각해보라. 대부분 무엇을 하지 마라 혹은 무엇을 하라는 잔소리일 것이다. 차분히 분석해보면 모두 자녀를 아끼고 걱정하는 엄마의 마음이 보인다. 공부하라는 잔소리, 반찬 가리지 말고 이것저것 잘 먹으라는 잔소리, 밤에 일찍 들어오라는 잔소리, 담배 피지 말고 술 마시지 말라는 잔소리, 운전 조심하라는 잔소리 등등.

지금 듣는 그 모든 잔소리에 감사하라. 그리고 엄마에게 감사하라. 그대의 어머니는 그대를 지극히 사랑하고 계신다.

"도대체 언제 들어올 거니?"

☞ 속마음 엄마는 네가 걱정이 많이 된다. 빨리 들어왔으면 좋겠구나.

"밥은 먹으면서 일하니?"

☞ 속마음 밥 꼬박꼬박 잘 챙겨 먹고 건강하게 잘 지내라.

잔소리하는 엄마가 계시다면 그대는 정말 행복한 사람이다. 이제부터는 잔소리를 새겨듣고 그 말씀에 따르도록 하라. 그렇게 하면 먼 훗날 어머니가 그대 곁을 영원히 떠나실 때 덜 후회할 수 있을 것이다.

"공부해라."
"집에 일찍 들어와라."
오늘도 엄마의 잔소리는 계속된다. 얼마 전까지 나는 엄마의 잔소리 듣는 것이 너무 괴로웠다. 엄마가 잔소리를 하실 때마다 짜증을 내고 화를 냈다. 그런데 이제는 엄마의 진심을 알게 되어서 잔소리를 들어도 걱정스럽지 않다. 오히려 감사하다. 엄마가 건강하셔서 내게 잔소리를 해주시니 얼마나 고마운 일인가. 수십 년 후 엄마가 돌아가시고 나면 난 얼마나 이 잔소리를 그리워할까. 그 생각을 하니 오늘도 엄마가 건강하게 살아계신 것만으로도 행복하다. 엄마의 잔소리는 이제 내겐 즐거운 음악처럼 들린다. 나를 이 세상에 있게 만들어주신 사랑하는 엄마, 건강하게 오래오래 사세요.

어린 시절 우리들은 해 질 녘까지 고무줄놀이, 공기놀이 등을 하고 놀았다. 추억 속의 아이들은 서로를 아껴주고 도와주는 좋은 친구들이었다. 그런데 한 학교에 한두 명쯤은 꼭 놀림의 대상이 되는 아이가 있곤 했다. 나는 다른 사람에게 나쁜 말을 하는 것을 싫어했던 사람이라 누군가를 놀리지는 않았지만 다른 친구들은 장난삼아, 재미로 친구를 놀리곤 했다. 주로 신체적인 단점이나 이름을 비꼬아서 놀리는 것이 보통이었다. 예를 들어 뚱뚱한 아이는 가장 쉽고도 흔한 별명인 '돼지', 가난하고 볼품없어 보이는 아이에게는 '거지', 허리가 굽은 아이에게는 '꼽추' 등.

놀리는 사람은 놀림을 당하는 사람의 심정을 모른다. 그래서 그렇게 아무렇지 않게 놀리는 것이다. 막상 놀림을 당하는 위치에 있게 되면 상대방은 장난삼아 하는 일이 죽고 싶은 마음이 들 만큼 치욕적인 경험이 된다. 그러므로 친구들 간에도 예의를 지켜야 하는 것이다. 상대방의 약점을 가지고 놀린다는 것은 비겁한 짓이 아니겠는가. 하지만 학창 시절의 아이들은 그런 것까지 염려할 여력이 없다. 학교 공부하랴, 부모님께 꾸중 들으랴, 스트레스로 가득 찬 삶을 살아가야 하기 때문이다. 몇몇의 아이들은 그래서 친구를 놀리면서 스트레스를 푼다. 아주 좋지 않은 방법인데도 그것을 즐겨한다.

친구들이 그대를 놀려서 걱정인가? 그래서 학교 가기가 싫은가? 창피하고 억울한가? 이해한다. 그렇지만 이렇게 생각해보면 어떨까? 피해자의 입장이 아닌 동등한 친구의 입장에서 자신을 놀리는 친구를 관찰해보라. 가만히 살펴보면 누군가를 놀리고 괴롭히는 친구는 문제가 있을 것이다. 성적 때문에 스트레스를 받고 있든지, 집안 사정이 어렵다든지, 교우관계가 원만하지 않든지 하는 여러 가지 문제점을 지닌 친구일 가능성이 많다. 누군가를 놀리는 사람은 자신감이 없고 배려심이 없는 사람이다. 그와 더불어 상처받고 있는 사람이다.

그러므로 친구가 그대를 놀리거든 그를 가엾게 여겨라. 그 친구는 지금 매우 아픈 사람이다. 몸도 아프고 마음도 아픈 사람인 것이다. 특별한 병에 걸려야 아픈 것은 아니다. 자신에 대한 자부심이 없고, 상대방에 대한 예의가 없고, 인생을 살아가는 바른 자세가 확립되지 않은 사람이야말로 아프고 병든 사람인 것이다. 그것을 기억하자. 놀림을 당하는 사람은 죄가 없다. 놀리는 사람이야말로 자신의 입으로 스스로를 단죄하고 있는 중이다. 그러니 슬퍼하지 말고 괴로워하지 마라. 대신 나를 놀리는 친구를 가엾게 여겨 그의 상처까지도 보듬어 안아줄 수 있는 넓은 아량을 지닌 사람이 되어라. 그렇게 하면 지금까지의 모든 걱정이 눈 녹듯이 사라질 것이다.

친구들이 나를 '뚱보'라고 놀릴 때마다 내 가슴은 새카맣게 타들어갔다. 너무 억울했다. 앞으로 살 날이 걱정되었다. 아무리 다이어트를 해도 살은 안 빠지는데 평생 뚱보라는 놀림을 당하고 살아가야 하는 건 아닐까.

하지만 이 순간부터 나는 피해의식으로부터 벗어나려고 한다. 나는 뚱뚱하다. 그렇다. 그걸 부정할 수는 없다. 친구들 말이 틀린 것은 아니다. 그리고 나를 놀리는 친구들은 학교에서 말썽꾸러기거나 문제아들인 경우가 많다. 그 아이들은 자신을 돌보는 데 서툴고 타인을 위하는 태도도 서툴다. 나는 인간에 대한 예의가 부족한 그들을 가엾게 여길 것이다. 그래서 또다시 나를 놀리면 가볍게 웃으면서 수긍해줄 것이다. 나는 뚱뚱하니까. 그리고 그것이 바로 나니까. 뚱뚱해도 소중한 나라는 사람이니까.

사랑하는 사람과의
이　　별　　이
걱　정　될　때

16

　　인생은 다람쥐 챗바퀴와 같다. 그 반복 중에서 가장 우리의 마음을 시리게 하는 것은 이별이 아닐까 싶다. 이별이란 다시는 볼 수 없을 경우도 있다는 사실을 마음으로 받아들이는 일이다. 이별을 받아들이지 못할 때 인간은 괴롭고 슬퍼질 수밖에 없다. 사랑하는 사람과 이별하는 일은 어떤가. 안면만 있었던 사람도 사고 등으로 세상을 떠났다는 소식을 들으면 가슴이 아프다. 비록 그 사람의 이름도 얼굴도 모르지만 영영 볼 수 없는 이별에 안타까워지는 것이다. 하물며 진심을 다해 사랑하는 사람과 이별해야 한다면 그 가슴이 얼마나 안타까울까.

　　지금 그대, 사랑하는 사람과 이별해야 하는가. 이별 앞에서 망설이고 괴로워하고 있는가. 그 사람이 먼저 이별을 고했든 그대가 먼저 이별을 말했든 그건 중요하지 않다. 다만 다시 볼 수 없을지도 모르는 이별을 한다는 것이 더 깊이 와 닿을 것이다. 언제나 곁에서 나를 지켜줄 것 같던 사람이 내 곁을 떠난다면 하늘이 무너지고 땅이 꺼지는 일이 아닐 수 없다. 특히 자신을 낳아주고 길러 주신 부모님과의 이별은 생애 가장 슬픈 이별이다. 또한 사랑하는 연인과의 이 별은 칼로 가슴을 도려낼 듯 아프다. 그럼 이토록 시린 사랑하는 사람과의 이 별 앞에서 우리는 어떻게 해야 할까. 어떻게 해야 이 슬픔을 극복할 수 있을까.

앞에서도 이야기했지만 나는 어머니를 여의었다. 이 이별은 생애 가장 고 통스런 사건이었다. 한동안 나는 밥을 먹지도 못하고 괴로워했다. 그러던 어느 날, 어머니의 음성이 들려오는 듯했다. 그것은 살아생전에 어머니께서 나를 걱 정하시던 목소리였다.

"우리 딸, 아프면 안 된다."

이것이 부모님의 마음이 아니겠는가. 나는 어머니에게 해드릴 수 있는 마지 막 효도가 있다면 건강한 모습으로 행복하게 사는 것이라는 깨달음을 얻었다. 사랑하는 사람을 떠나보내야 한다면 그의 뒷모습을 기억하자. 그리고 다시 꿋 꿋하게 살아가는 것이다. 만약 사랑하는 사람 곁을 먼저 떠나가야 한다면 의연 한 모습으로 떠나자. 그래야 남겨진 이가 덜 아파할 것이다.

모든 이별이 아프고 슬픈 것만은 아니다. 어떤 이별은 인생의 새로운 가치 관을 제시한다. 왜 이별하게 되었는지 되돌아보면서 자신의 인간관계에 대한 문제점을 발견할 수도 있고, 이별한 후에 어떻게 살아야 할지 생각하면서 폭넓 은 인생관을 가질 수 있다. 사랑하는 사람과의 이별이 정녕 피할 수 없다면 수 용해야 한다. 떠나보내야 할 사람이라면 웃으면서 그에게 손을 흔들어주자. 잘 가라고, 사랑했다고, 영원히 기억하겠노라고. 내가 먼저 떠나가야 한다면 남겨진 이들에게 웃으면서 손을 흔들어주자. 먼저 가서 미안하다고, 그동안 나를 사랑해주어서 참 고마웠다고.

내게 남겨진 날들이 얼마 되지 않는다는 충격적인 말을 의사로부터 들었다. 이제 나는 사랑하는 사람들과 작별해야 한다. 인간은 어차피 한 번 태어나면 한 번은 죽는다.

사랑했던 많은 이들이 먼저 내 곁을 떠나갔다. 이제 내 차례가 된 것이다. 이 이별은 지금까지의 이별과는 사뭇 다르다. 내가 다른 이를 추억할 수 없게 된다는 것이다. 그 대신 나를 추억하는 사람이 생길 것이다. 내가 떠남으로써 눈물 흘리고 아파할 사람들을 위해 나는 무엇을 해줄 수 있을까. 이별을 담담하게 받아들이는 모습을 보여주어야겠다. 그리고 남겨진 시간 동안 더 즐겁게 행복하게 지내야겠다. 그래야 그들이 나를 추억하면서 더 많이 웃을 수 있을 것이니까. 의연한 모습으로 모든 것들과 이별할 것이다. 나는 다시 돌아가는 것이다. 본래 내가 있던 자리로, 그곳에서 가끔 내가 죽을 만큼 사랑했던 지구별 사람들을 그리워할 것이다.

일
걱정 버리기

don't worry be haPPY

실 직 해 서
걱 정 될 때

17

이 사회에서 일자리를 잃는다는 것은 어떤 의미가 있는 것일까. '실직한다'는 것은 '밥을 굶을 수 있다'는 것과 같은 말이라고 해도 과언이 아니다. 실직한다는 것은 삶의 중심을 잃어버린 것처럼 충격적인 일이다. 그만큼 우리 시대에 실직이란 말은 가슴 아프게 다가온다.

직업을 잃게 된 이유는 모두 다를 것이다. 회사가 부도가 났다거나, 자신은 전혀 회사를 떠나고 싶지 않았는데 명예퇴직을 종용했다거나, 건강상의 이유로 부득이하게 실직했을 수도 있다. 우리는 직업을 잃으면 소심해지고 우울해지기 쉽다. 직업이 없다는 것은 곧 수입원이 끊겼다는 말과 같기 때문이다. 그래서 자신의 처지를 비관하고 좀 더 깊은 좌절감에 빠질 수 있는 것이다.

나도 예전에 실직을 했었다. 일자리를 잃게 되자 가장 큰 변화는 당장 쓸

돈이 없다는 것이었다. 쌀을 살 돈조차 부족해서 보험을 깨야 할 상황에 처해지게 되었다. 나 혼자 살면 그나마 낫겠지만 가족을 부양하는 입장에서의 실직은 더 가혹한 고통이었다. 그러나 실직했다고 해서 마냥 사회를 탓하고 인생을 원망하고 있을 수만은 없었다. 한시라도 빨리 새로운 직업을 구해야 했기 때문이다. 나는 평소보다 더 침착하게 마음을 가다듬고 내가 할 수 있는 다른 일을 찾았다. 그건 내가 가장 잘하는 일이었다. 바로 작가가 되는 것이었다.

실직했을 때의 걱정을 단숨에 없애줄 방법이 여기 있다. 바로 자기 자신이 가장 잘하는 일을 하는 것이다. 그대의 적성에 가장 맞는 새로운 일을 찾아 그 일에 과감하게 뛰어드는 것이다. 실패할까 두려워하지 말고 그대 자신이 가장 자신 있는 일에 도전하라. 그 일이 그대의 천직이 될 것이고 인생을 바꿔줄 것이다. 실직했다는 것은 새로운 직업을 얻을 절호의 기회라고 생각하라. 어쩌면 그 일이 그대의 존재가치를 가장 빛나게 해줄 최고의 직업이 될지도 모를 일이다.

걱정 날리기

나는 직업을 잃고 놀고 있는 실직자다. 그래서 어딜 가나 고개를 푹 숙이고 다녔다. 돈을 못 버니까 사람 취급을 못 받는 것 같았다. 집에서도 언제나 찬밥 신세다. 지금까지는 그랬다. 그래서 죽고 싶은 심정이 들었고 살맛이 안 났다. 일자리를 알아보는 일도 지쳐서 이젠 모든 걸 포기할 상태에 다다랐다. 한없이 절망했다. 세상을 원망했다.

그러나 이 순간부터는 그렇게 살지 않을 작정이다. 실직은 새로운 직업에 도전할 수 있는 인생의 전환점이라는 것을 알기 때문이다. 이 기회에 내 능력과 적성에 맞는 최고의 직업을 가질 것이다. 실직으로 인해서 나는 내 인생이 한 단계 더 도약하게 되리라는 것을 결코 의심치 않는다. 아자, 아자, 힘내자! 포기하지 말고 다시 일어서서 세상을 변화시킬 더 멋진 내가 되어 보자!

18

　오늘도 모 연예인의 수치스러운 행각이 연일 뉴스를 도배하고 있다. 그 연예인은 미성년자와 성관계를 가져 온 국민의 지탄을 받고 있는 중이다. 그 일이 사실이든 사실이 아니든 이미 그는 명예를 잃은 것이다. 명예란 한 인간의 인생을 더욱 빛나게 해주는 것이다. 그렇기 때문에 사람들은 명예를 잃을까 노심초사하고 또한 명예를 얻기 위해 물불을 가리지 않는다.

　나도 명예를 잃을까 걱정되었던 시간이 있었다. 누군가의 모함으로 졸지에 나쁜 행동을 한 사람이 되어 명예가 순식간에 추락되었다. 그래서 나는 심장이 두근거렸고, 밤에 잠도 잘 오지 않았으며, 입맛도 잃어서 밥도 제대로 삼키지 못했다. 명예가 더럽혀질 것을 고심했던 것이다.

　그러나 세상일이 다 그렇듯 무엇인가를 골똘히 집착하고 고민하면 할수록 사태는 더욱 악화된다는 사실을 깨달았다. 그래서 나의 정정당당함을 우주의 모든 것들이 인정한다는 것을 스스로 각인시키고 걱정을 버리기로 했다. 그랬더니 명예는 더 이상 추락하지 않았고 오히려 더 큰 명예를 얻는 계기가 되었다.

그대의 명예를 위협하는 일이 지금 벌어졌는가. 그래서 명예를 잃을까 고민되어 하루라는 시간이 가시방석에 앉아 있는 것처럼 여겨지는가? 대개 명예를 잃는 것은 두 가지 경우다. 하나는 자신이 그에 합당한 잘못을 저질렀을 경우와 또 하나는 누군가의 모함으로 누명을 쓰고 오해받는 경우다.

첫 번째 경우라면 자신이 잘못한 점을 인정하고 철저하게 반성하라. 명예를 잃는 것은 자신이 잘못한 것에 대한 응당한 대가라는 것을 알고 거기에 미련을 두지 말아야 한다. 그리고 다시는 그런 잘못을 하지 않을 것을 자신과 다짐하면 된다. 두 번째 경우라면 자신의 정당함을 간결하게 주장하고 평소와 다름없이 생활하라. 그대의 무고함은 반드시 밝혀질 것이다. 그러니 걱정하지 마라.

명예를 잃는다고 해서 한 인간의 모든 것이 망가지는 것은 아니다. 그러므로 그대의 명예가 어느 정도 상처를 입었더라도 자신을 비하하지 마라. 자신의 가치는 타인의 입술에서 결정되는 것이 아니다. 그러므로 명예란 어쩌면 신기루와 같은 것인지도 모른다. 거기에 집착하고 괴로워하지 말고 스스로가 정직하고 자랑스러운 인생을 사는 것이 현명하다.

나는 요즘 어쩔 수 없는 일로 명예를 잃게 되는 상황에 처해있다. 그래서 걱정으로 하루하루를 지새웠다. 그랬더니 남는 것은 지독한 괴로움뿐이었다. 이제 나는 명예를 잃을 것을 걱정하지 않을 것이다. 명예란 신기루와 같은 것이다. 그것에 집착하는 대신 인생 동안 자신에게 떳떳하고 자랑스러운 사람이 되기로 결심했다. 그러면 신께서는 내게 인간이 부여해주는 명예보다 더 큰 상을 주실 것이란 것을 믿는다.

얼마 전 흥미로운 조사결과가 발표되어 사람들을 술렁이게 만들었다.

'가장 행복할 것 같은 직업은 무엇인가?'

많은 사람들의 예상을 깨고 '예술가'가 1위를 차지했다. 대부분 돈을 많이 버는 직업이나 명예가 높은 직업 등이 상위권을 휩쓸 것으로 예상했지만, 그런 것과 행복은 별 상관이 없다는 걸 많은 이들이 공감하고 있다는 반증이 아니겠는가. 나 또한 예술가에 속하는 직업을 가졌다. 이 직업의 좋은 점은 설문에 응한 사람들이 지적한 것처럼 자유롭게 일을 할 수 있다는 것이다. 글을 쓰고 싶은 시간에 쓸 수 있다는 것은 시간에 얽매여서 살지 않아도 되는 장점일 것이다.

직업이 없으면 주변 사람들로부터 손가락질을 받게 된다.

"저 사람은 일도 안 하고 매일 놀아. 얼마나 능력이 없으면 저럴까?"

이것은 실업자들에게는 커다란 상처를 남기는 잔인한 말이다. 능력이 있어도 직업을 구하지 못하고 사는 사람도 많다. 그러므로 그대가 지금 당장 어떤 직업을 가지지 못한 백수라고 해도 주눅들 필요는 없다. 백수라고 하면 후줄근한 추리닝 차림으로 골방에서 라면이나 끓여먹고 인터넷 게임에 중독된 그런 사람을 연상하곤 한다. 그러나 그건 잘못된 편견이다.

그대가 할 수 있는 일은 세상에 헤아릴 수 없을 만큼 많다. 다만 아직 시기가 되지 않았을 뿐이다. 새로운 직업을 구하는 일은 신중할 필요가 있으므로 지금 그대는 잠시 숨을 고르고 있는 것이다.

행복한 직업일 것이라고 사람들이 입을 모아 말하는 '예술가'의 공통점을 잘 생각해보라. 자유롭게 누구의 눈치를 보지 않고 자신의 창의력을 살려 이 사회에 이바지할 좋은 것을 생산해낸다. 이것이 바로 그대가 가져야 할 직업이다. 그런 직업을 가진다면 그대는 행복한 인생을 살 확률이 높아진다.

직업이 있는 사람이나 직업이 없는 사람이나 모두 피곤하고 걱정, 근심에 싸여서 산다. 직업전선에 뛰어들어 상사의 눈치를 보고 성과의 유무에 따라 스트레스를 받고 사는 수많은 직장인들의 신음소리가 들리지 않은가. 그대는 지금 직업을 구하는 시점에 있다는 것을 감사하는 여유가 있어야 할 것이다. 위기는 기회다. 이 기회를 잘 살려서 최고의 인생을 설계하는 것은 어떤가. 새로운 직업을 구하는 일은 흥미진진한 일이다. 그러므로 그대는 걱정 대신 새로운 직업을 가지고 활기차게 살아갈 기대감을 가지고 살아가야 할 것이다.

나는 소위 말하는 백수다. 사람들은 나를 보고 손가락질 하곤 한다. 가끔은 모든 사람이 내게서 멀어져 가고 있다는 걸 느낀다. 하지만 새로운 직업을 구하는 일에 전력을 다할 것이다. 걱정 대신 새로운 인생에 대한 기대감과 희망을 가지고 적성에 맞는 일을 찾을 것이다.

지금은 잠시 숨을 고르는 시기다. 이 시기가 인생에서 가장 중요한 시점임을 안다. 행복한 인생이란 행복한 직업을 가지고 충실하게 살아가는 것이 아닐까? 나는 새로운 직업을 구하는 일이 첫사랑을 만나는 것처럼 설레고 즐겁다.

학창 시절에 시험공부를 하기 위해 친구와 밤을 새운 적이 있었다. 잠을 자지 않고 공부한 결과 코피가 났고 멍한 상태가 되었던 기억이 있다. 시험이란 말은 듣기만 해도 스트레스가 쌓이는 말이다. 학생들도 시험 때문에 걱정이고 다 큰 어른들도 여러 가지 시험을 본다. 공무원 시험, 사법시험, 자격증 시험, 승진 시험 등. 이렇게 보면 우리 모두가 시험에 대한 걱정을 하고 있는 것이 아닐까 생각이 든다.

시험을 앞두고 가장 많이 하는 걱정은 시험을 잘 못 볼까 하는 걱정일 것이다. 이것은 공부를 잘하는 사람이든 못하는 사람이든 예외 없다. 그런데 이런 걱정이 지나치게 되면 오히려 시험을 망치는 원인이 되기도 한다는 사실을 아는가. 시험을 못 볼 것을 걱정하게 되면 공부가 잘될 수가 없다. 그럼 어떻게 해야 할까?

우선 우리는 시험이 무엇인가에 대해 다시 한 번 생각해볼 필요가 있다. 시험이란 어느 분야에서 뛰어난 인재를 뽑는 일이기도 하고, 그런 인재를 가려내는 일이기도 하다. 그렇다면 시험에 합격하고 좋은 성적을 올리기 위해서는 그 분야에서 뛰어난 인재가 되면 되는 것이 아니겠는가. 한 분야에서 뛰어난 사람이 된다는 것은 그 분야에 대한 자신감이 없이는 불가능하다. 나처럼 글을 쓰는 작가가 글에 자신이 없다면 출판사에서 책으로 출간해줄 리 없고, 운동선수가 실력에 자신이 없다면 대회에 출전할 기회를 얻기도 어려울 것이다. 그러므로 시험을 앞두고 그 결과에 대한 불안과 걱정이 든다면 자신감을 회복해야 하는 것이다.

시험을 앞두고 있는가. 시험을 잘 못 볼 것이 걱정되는가. 그렇다면 이제부터 자신감을 가지고 공부하라. 시험에 합격해서 환하게 웃고 있는 자신을 상상하라. 그렇게 하면 공부가 훨씬 잘될 것이고 시험 당일에도 떨지 않고 시험을 볼 수 있을 것이다. 어떤 종류의 시험이든 그 시험을 보기로 결정했다면 자신감을 가져야 한다. 시험을 본다는 건 두려움을 떨쳐내고 도전하겠다는 의미이기도 하다. 그러므로 시험을 잘 못 볼까 염려하지 말고 최선을 다해 공부하고 당당하게 시험을 보길 바란다. 그렇게 하면 그대는 좋은 성적을 얻고 원하는 곳에 합격할 것이다.

매우 떨리고 두려웠다. 며칠 있으면 중요한 시험을 봐야 하기 때문이다. 그래서 난 걱정했다. '혹시 시험을 망쳐서 불합격되면 어떻게 하지?' 이렇게 걱정하고 있으니 공부가 되지 않았다.

이제 걱정을 버릴 것이다. 걱정하지 않고 두려워하지 않을 것이다. 시험은 내가 선택한 도전이다. 자신감을 가지고 시험을 볼 생각이다. 조금 떨리기는 하지만 약간의 긴장은 오히려 더 집중력을 강화시킨다. 나는 분명히 시험에서 좋은 성적을 거둘 것이다. 최고의 성적으로 합격의 영예를 안고 있는 행복한 내 모습을 그려본다.

면   접   이

걱 정 될 때

21

취업하기가 힘든 만큼 면접에 대한 부담감이 매우 크다. 아무리 시험성적이 좋아도 면접에서 좋은 점수를 얻지 못한다면 취직하기 힘든 것이 사실이다. 그래서 많은 사람들이 면접을 앞두고 걱정에 사로잡힌다. 우황청심환을 사 먹기도 하고, 부적을 써서 몸에 지니고 가기도 하고, 기도를 올리기도 하지만 면접시험에 대한 불안감은 여전하다. 그렇다면 어떻게 해야 면접에 대한 걱정을 없앨 수 있는지 알아보자.

면접을 볼 것이 걱정되는가. 지금부터는 그런 걱정을 하지 않아도 된다. 그대는 면접에서 좋은 성과를 거둘 인물이기 때문이다. 현재 모습에 다음 6가지 방법을 강화하면 수석합격의 영예를 얻을 수 있을 것이다.

1. 솔직하고 당당한 태도를 지니는 것이다.

2. 깨끗하고 밝은 이미지를 심어주는 것이다.

3. 지원한 회사에 대한 정보와 자신이 할 일에 대한 충분한 지식을 지니는
   것이다.

4. 자신에 대한 긍지와 자부심을 가지는 것이다.

5. 생각을 말로 표현하기 전에 신중을 기하는 것이다.

6. 만일 내가 면접관이라면 어떤 지원자를 뽑을 것인가 미리 생각해보는
   것이다.

명심하자. 직업을 얻기 위한 치열한 전쟁 속에서 고지를 점령하기 위해서는 치밀한 작전이 필요하다. 노력한다고만 해서 좋은 직장이 자신에게 '어서 오세요. 환영합니다!'라고 하지 않는다. 취직을 하고 싶다면 자기가 지원하는 회사가 어떤 회사인지 그 회사의 오너는 어떤 사람인지, 왜 그 회사에 취업을 하고 싶은지에 대한 명확한 생각을 가지고 있어야 할 것이다.

또한 면접 보러 가는 당일에 늦잠을 자서 지각을 한다거나 아침밥을 굶어서 자신의 몸을 허기지게 해서도 안 될 것이다. 일찍 자고 일찍 일어나서 든든하게 아침밥을 먹고 자신 있게 시험장에 가라. 걱정하지 않아도 된다. 그대만 떨고 있는 것이 아니다. 지원자들 모두 떨고 있다. 그러니 누구나 공평한 처지에서 출발하는 것이다. 그대 자신을 보여줘라. 가공한 자신, 과장한 자신이 아니라 있는 그대로의 성실하고 참신한 모습을 보여줄 수 있다면 그대는 합격이다.

면접시험을 앞두고 걱정이 태산이었다. 그러나 이제부터는 그런 걱정을 하지 않을 것이다. 왜냐하면 면접관의 마음이 되어서 어떤 지원자를 뽑을 것인가 생각해보았기 때문이다. 내가 면접관이라면 성실하고 순수한 열정을 지닌 사람, 다른 사람의 말을 경청할 줄 아는 사람, 긍정적이고 진취적인 마인드를 가진 사람, 인간을 진심으로 사랑할 줄 아는 사람, 자신이 하는 일에 대해 충분한 지식을 지닌 사람, 창의적이고 스스로에 대한 자긍심을 가진 사람을 뽑을 것이다.

면접을 본다고 해서 내가 갑자기 달라질 것은 없다. 있는 그대로의 모습에서 나다움을 보여줄 것이다. 나다움이란 내 인생을 사랑하고 내 꿈을 사랑하는 순수한 모습이다.

평소 말을 잘하던 사람도 대중 앞에서 연설을 하라고 하면 말문이 막힌다. 그만큼 많은 사람들 앞에서 자신의 의견을 말하는 일은 어려운 일이다. 최고의 연설가도 무대에 오르기 전에 떨리는 법이다. 최고의 연설가일수록 더 많은 연습을 한다는 것을 아는가. 요즘은 말 잘하는 사람이 성공하는 시대다. 가슴 속에 아무리 좋은 생각이 넘쳐도 말로 표현하지 못하면 누가 알아주겠는가.

대화 자체가 떨린다거나 걱정된다는 사람은 별로 없다. 하지만 수많은 청중을 앞에 두고 연설을 하라고 하면 선뜻 나서기를 주저한다. 왜 그럴까. 우리는 대화를 나눌 때 긴장하지 않는다. 익숙한 분위기이기 때문이다. 하지만 직업이 아닌 이상 연설은 익숙하지 않다. 그건 특별한 일이 아닐 수 없다. 그러니 떨리고 흥분되고 긴장되는 것이다.

대중 앞에서 연설할 일이 생겼는가. 그래서 걱정되는가. 그렇다면 이제 그 걱정으로부터 벗어나보자. 익숙하지 않은 환경을 극복하는데 있어서 가장 중요한 것은 무엇일까? 그것이 연설의 공포로부터 벗어나는 첩경이 될 것이다.

연설을 하게 되었다면 그 상황을 익숙한 상황으로 받아들여보자. 익숙한 상황이란 친구들과 엠티에 가서 도란도란 이야기하던 상황이나, 동네 사랑방에 모여서 이웃들과 담소를 나누는 상황을 말한다. 연단에 올라서서 이곳이 바로 친구들이 모인 엠티 장소요, 이웃들이 모인 동네 사랑방이라고 생각하는 것이다. 그러면 요동치던 심장이 안정을 되찾을 수 있을 것이다.

그리고 다음 방법을 참고하면 더욱 도움이 될 것이다.

1. 시작을 자신감 넘치게 하라.

2. 청중의 관심사에 초점을 맞추어 이야기하라.

3. 쉽고 재미있는 이야기, 경험, 예를 들어 설명하라.

4. 유머로 호감을 높여라.

5. 청중에게 질문을 던지고 참여시켜라.

거울을 보라. 연설을 앞두고 초조해하는 자신이 보이는가. 이제 그런 나약한 모습을 버리기로 하자. 연설 그것 별것 아니다. 거창하게 생각하면 더 떨리는 법이다. 그저 자신이 알고 있는 이야기를 많은 사람들에게 들려주는 것이라고 생각해보자. 조금은 덜 긴장되지 않는가. 걱정하지 말고 자연스럽게 생각을 풀어나가면 잘할 수 있을 것이다.

생애 처음으로 연설을 의뢰받았다. '연설'이라는 말만 듣고도 심장이 오
그라들었다. 많은 사람들 앞에 선다는 것만 해도 얼굴이 발갛게 달아올
랐기 때문이다. 그래서 걱정을 참 많이 했다.

그러나 지금부터는 연설 때문에 걱정하지 않을 것이다. 연설이란 것이
걱정하게 하는 무서운 것이 아니라, 나의 이야기를 듣고 싶어 하는 사랑
스러운 청중들과 함께하는 즐거운 시간이라는 것을 깨달았기 때문이다.
힘을 빼고 자연스러운 내 모습을 보여줄 것이다. 가식을 버리고 솔직한
내 마음을 들려줄 것이다. 설령 말을 잘 못한다고 해도 어떠랴. 그것도
하나의 추억이 될 것이므로 기쁘게 연설할 예정이다.

대회 나가기 전에 걱정될 때

초등학교 고학년 때 학교 대표로 전국주산대회에 참가한 적이 있었다. 주산이란 예전에 계산기 대신 쓰던 도구다. 빠른 손놀림과 두뇌회전이 필요한 것이 바로 주산이다. 전국 규모의 대회다보니 다른 지방까지 가서 하룻밤 묵고 출전해야 했다. 대회가 열리기 전날 도착해서 하룻밤을 지내는데 선생님께서 내 마음을 아셨는지 이렇게 말씀하셨다.

"많이 떨리지. 평소에 네 실력대로만 해."

평소 실력대로만 하라는 선생님의 부탁을 건성으로 듣고 말았다. 그리고 그 다음 날 대회에 참가해서 더 잘해보겠노라고 악착같이 달려든 결과, 한 문제를 틀리고 말았다.

더 잘해보려고 지나치게 서두른 탓에 평소 만점을 받았던 나눗셈 부문에서 한 문제를 놓치고 만 것이다. 다른 부문에서 시간도 제일 빠르고 모두 만점을 맞아 전체 1등이 가능했는데, 나눗셈 부문에서 한 문제를 놓치는 바람에 전 부문 우승을 놓치고 부문별 우승만 하고 만 것이다. 선생님의 말씀은 옳았다. 평소에 하던 대로만 해도 되는 것이었다.

그대도 지금 대회를 나가는 것이 걱정되는가. 대회가 어떤 종류의 것이든 선수로 출전한다는 것은 자신의 명예와 학교 전체의 명예가 걸린 중요한 일이다. 그래서 출전선수들은 입술을 깨물고 최선을 다한다. 그런데 지나치게 승부에 집착하는 것은 차라리 승부에 초연한 것만 못하다는 것을 우리는 기억해야 한다. 내가 지나치게 우승에 집착해서 평소 실력을 발휘하지 못했던 것은 승부에 대한 과도한 욕심 때문이었다. 욕심 때문에 손이 과하게 빨라졌고 눈이 갈피를 못 잡고 이곳저곳을 더듬었던 것이다. 만일 내가 평소 하던 대로 욕심 없이 시합에 임했다면 결과는 달라졌을 것이다.

대회에 출전한다는 것 자체만으로도 그대는 실력을 인정받고 있는 사람이다. 그러니 자신의 실력을 입증하기 위해 지나친 욕심을 가질 필요가 없다. 그저 평소에 하던 대로만 해라. 그만큼만 해도 괜찮다. 내일 경기가 있다면 오늘은 푹 자라. 충분한 휴식을 취한 사람이 실전에 강한 법이다. 잠도 못 자고 새벽녘까지 연습한다면 피곤하고 지칠 수 있다. 그것은 오히려 역효과만 불러올 것이다. 그러니 걱정을 멈추고 행복한 상상을 하면서 쉬길 바란다. 행복한 상상이란 자신이 경기에 출전해서 최고의 성적을 거두는 것이다. 이런 상상의 힘은 웬만한 연습보다 더 실질적인 효과를 보장한다.

나는 내일 있을 대회를 앞두고 걱정이 가득했다. 그러나 지금 이 순간부터는 걱정을 버리기로 했다. 학교 대표로 대회에 출전한다는 것만 해도 감사한 일이 아닌가. 조금만 더 열심히 하면 좋은 성과를 거둘 것이다. 나는 평소 하던 대로 할 것이다.

우승을 해도 좋고 준우승을 해도 좋다. 되도록 최선을 다해 우승을 하려고 노력하겠지만 어떤 결과가 나와도 겸허히 수용할 것이다. 마음속으로 내일 경기를 그려본다. 평소에 하던 대로 자유롭고 즐겁게 경기에 임하는 내가 보인다. 나는 최선을 다하고 그에 합당한 최고의 결과를 얻고 행복해한다.

우리나라의 사교육비가 선진국에서도 상위권에 속한다는 것은 굳이 뉴스를 보지 않고서도 알 수 있다. 그만큼 부모들의 교육열이 높기 때문이다. 부모는 자식들이 공부를 잘하는 것이 가장 큰 보람이다. 그래서 자녀들은 그에 부응하기 위해 밤늦도록 학원을 전전하면서 성적을 올리기 위해 노력한다. 어떤 학생은 자신이 공부를 좋아서 하지만 또 다른 학생은 공부하기가 죽기보다도 싫은데 어쩔 수 없어 하기도 한다. 공부를 잘하면 학교와 집에서 대우를 받지만, 친구들 사이에서도 공부를 못하면 찬밥 신세다.

지금 공부를 못해서 걱정인가. 공부를 아무리 열심히 해도 성적이 올라가지 않는 것은 어쩔 수 없는 일이다. 공부를 못한다고 해서 그가 모자란 사람이라는 것은 오해고 편견이다. 공부 잘하는 사람보다는 인격이 성숙한 사람이 되어야 한다. 공부를 잘한다고 해서 성공이 보장되는 것도 아니다. 공부를 잘하면 조금은 더 쉽게 성공에 다다를 수 있을 것이다. 그러나 공부를 못한다고 해서 성공과 동떨어진 실패한 인생을 사는 것도 아니다. 그러니 공부를 못한다고 걱정할 필요가 없다.

나는 공부를 못하지는 않았다. 그런데 지금 와서 돌이켜보면 공부만 하려고 노력했던 그 시절에 아쉬움이 남는다. 그 시절 어른에게 잘 대들고 누군가가 좋은 충고를 해주어도 시큰둥한 여러 모로 인격이 미성숙한 인간이었다. 그러기에 지금 돌이켜 생각해보면 그 시절에 공부만 한 것이 후회스럽다. 인생의 질을 결정짓는 데 있어서 공부보다도 더 큰 영향을 끼치는 것이 무엇인지 아는가. 그것은 바로 인성이다. 성품이 곱고 생각이 바르다면 그가 공부를 못한 사람이라도 얼마든지 성공한 인생을 살 수 있음을 기억하자.

공부 못한다고 기죽지 마라. 공부 못한다고 남보다 자신이 못난 사람이라고 자학하지 마라. 공부를 못한다는 것은 기능적 측면의 부족이다. 인생 전체가 모자라다는 것은 아니다. 공부를 못하더라도 다른 부문에서 특출한 재능을 가지고 있을 수 있다. 그리고 그것은 대부분 사실이다. 그대가 공부를 못해서 걱정이라면 지금 이 시간부터 공부 외에 무엇에 소질이 있는지 알아내기 위해 노력하라. 그래서 그 재능을 갈고 닦아서 최고의 자리에 올라서라. 그럼 공부를 못했던 것은 아무것도 아닌 것이 된다. 세계적인 축구선수가 공부를 못한다고 누가 손가락질하는가. 에디슨에게 학교 성적이 형편없다고 누가 손가락질했는가.

나는 아무리 열심히 노력해도 성적이 오르지 않는다. 부모님도 그런 나를 못마땅해 하신다. 선생님도 그런 나를 질책하신다. 친구들도 그런 나를 은근히 무시한다. 하지만 나만은 나를 사랑하고 믿어줄 것이다. 공부를 못해도 잘하는 것이 있다는 것을 안다. 나는 그림을 잘 그린다. 훌륭한 화가가 되어 이 세상을 멋지게 표현해낼 것이다. 지금까지 아무도 그리지 못한 그림으로 사람들을 깜짝 놀라게 할 자신이 있다. 공부를 못한 사람도 이렇게 성공할 수 있다는 것을 스스로 증명해낼 것이다.

혹평을 받을까 걱정될 때

우리들은 매일 자신의 작품을 만들면서 살고 있다. 가수는 노래를, 작가는 글을, 요리사는 요리를, 축구선수는 축구를. 작품이란 바로 자기 자신이다. 가수는 노래에 혼을 싣고, 작가는 글에 정신을 담고, 요리사는 요리에, 축구선수는 축구에 온 마음을 담는다. 그러므로 작품이란 자기 자신의 또 다른 발현이다.

나는 글을 쓰는 사람이다. 작가가 되기까지 수십 번의 원고 투고를 했다. 출판사 관계자와 안면이 있는 것도 아니고, 작가들과의 친분도 없이 작가가 되기 위한 최선의 방법은 원고를 직접 출판사에 투고하는 것뿐이었기 때문이다. 명성도 스펙도 변변치 않고 시골에 사는 내 원고를 책으로 내겠다는 출판사는 없었다. 첫 원고를 보낸 모든 출판사로부터 거절 통보를 받았다. 그럼에도 불구하고 다시 글을 썼다. 그렇게 불굴의 의지로 도전해서 지금은 십여 권에 이르는 책을 내게 된 것이다.

작가가 되었다고 해서 모든 게 해결된 것은 아니다. 어떤 독자는 찬사를 보내고, 어떤 독자는 혹평을 한다. 그러면 어떤 말에 귀 기울여야 할까. 그대의 작품이 세상 사람들로부터 혹평받을 것이 걱정되는가. 그것은 걱정할 가치가 없는 일이다. 다른 사람의 평가가 두렵다면 아무것도 이룰 수 없다. 혹평이란 도전하는 자에게 반드시 따르는 선물과 같은 것이다.

노래를 부르는데 그것도 노래냐고 때려치우라고 고함치는 청중이 있다고 해서 가수가 노래를 그만 부르고 중도에 무대를 내려간다면 그는 이미 가수가 아니다. 축구를 하는데 관중이 네가 무슨 축구선수냐, 집에 가서 발 닦고 잠이나 자라고 욕설을 한다고 해서 경기 중에 그라운드를 박차고 나간다면 이미 그는 축구선수가 아니다. 어떤 혹평의 화살이 자신의 머리 위에 쏟아진다고 해도 자신의 일을 꿋꿋이 해낼 배포가 있는 사람만이 진정한 직업인이 되는 것이다. 그러므로 혹평을 두려워하지 말고 오히려 감사하자. 혹평을 하는 사람도 팬이다. 그가 없다면 누가 우리의 단점을 지적해줄 것인가. 나는 오늘도 진심을 다해 글을 쓴다. 나를 사랑하는 독자와 나를 혹평하는 독자 모두를 위해서.

걱정 날리기

나는 요리사다. 내가 하는 요리를 대부분 손님들은 맛있다고 칭찬해주신다. 그런데 몇 명의 손님들은 내 요리를 형편없는 음식이라고 혹평한다. 나는 그래서 음식을 만들 때마다 걱정했다. 그러니 일을 하는 것이 지긋지긋해지고 힘들어지는 것이다. 이제는 걱정하지 않겠다. 나는 당당한 요리사다. 모든 사람을 만족시킬 요리는 세상에 없을 것이다. 그러므로 내게 혹평을 하는 사람의 말은 틀린 말이 아닐 것이다. 나는 요리사로서 더 맛있는 요리, 건강에 유익한 요리를 만들기 위해 노력하면 된다. 그것이 나의 할 일이고 비평 또한 감수해야 하는 것이 인생이다.

26

직장인이든 학생이든 가정주부든 자신이 하는 일이 성과가 없다면 사람들은 걱정을 하게 된다. 특히 샐러리맨의 입장에서 성과는 곧 연봉이기 때문에 그로 인한 스트레스가 만만치 않다. 학생들은 또 어떤가. 공부한 만큼 성과가 나오지 않으면 공부에 대한 열정마저도 잃게 될 수 있다. 주부도 가정을 이끌어가는 주체로서 자녀나 남편이 성과를 얻지 못하면 극심한 스트레스를 받는다. 성과에 대한 집착을 하는 이유는 성과가 곧 돈과 직결되고 자신의 미래를 결정 짓기 때문이다.

대기업에 다니던 김 씨는 성과가 좋지 않자 명예퇴직을 종용받게 된다. 그는 결국 자살을 하고 말았다. 자신이 회사에서 쫓겨났다는 사실을 가족들이 알게 될 것이 두려웠기 때문이다. 한때 IT업계의 샛별로 잘 나가던 회사의 리

더인 오 사장도 성과가 나오지 않자 고민과 걱정을 하다가 과로로 숨졌다. 성과는 이렇듯 스트레스의 주요인이 되어 목숨까지도 위협한다. 어른이나 아이나 성과에 대한 고민을 한다. 이것은 자본주의 사회의 고질적인 병폐일지도 모른다. 바로 승자가 되지 않으면 패자가 되는 구조이기 때문이다.

지금 예상했던 만큼 성과가 없어서 걱정인가. 기대한 만큼 성적이 오르지 않아서 고민인가. 자녀와 남편에게 건 기대가 산산이 부서져서 걱정인가. 회사에서 실적이 하향곡선을 그려서 고민인가. 이 모든 걱정을 해결할 방법은 무엇일까. 바로 욕심을 버리는 것이다. 한 개인의 욕심만이 아니다. 단체의 욕심도 버려야 한다. 학교, 회사, 사회, 국가가 지나친 욕심을 부리게 되면 개인의 삶은 피폐해질 수밖에 없다.

조금만 벌어도 행복할 수 있다. 예상한 만큼 성과가 없어도 우리의 인생은 여전히 진행 중이다. 끝이 아니다. 절망에 입맞춤할 이유도 없다. 버려라, 욕심! 끊어내라, 집착!

과도한 성과에 대한 집착은 오히려 건강을 해치고 신경을 예민하게 만들어 부작용을 초래할 수 있다.

마음을 비우고 일해라. 무엇을 얻고자 한다면 초연한 마음으로 그것을 얻기 위해 노력하는 자세가 필요하다. 그리고 어느 정도의 고통도 감수해야 한다. 나는 한 권의 책을 쓰기 위해 수천 번 수만 번을 고민한다. 그것은 이 책이 베스트셀러가 되지 않으면 어쩌나 하는 걱정이 아니라 내 글이 과연 가치 있는 글인가에 대한 고민이다.

요즘 일에 대한 성과가 없어서 스트레스를 받았다. 걱정을 지나치게 한 나머지 신경이 곤두서 두통이 찾아오고 구역질까지 났다. 그렇지만 지금 이 시간부터는 성과에 지나치게 연연하지 않을 것이다. 지금 하는 일에 대한 나의 사랑은 확고하다.

설령 당장은 성과가 없더라도 언젠가 보상은 반드시 받으리라 믿는다. 지금은 힘들고 어려워도 참고 노력한다면 머지않아 좋은 성과를 얻을 수 있으리라고 확신한다. 그러므로 오늘도 하는 일에 자긍심을 가지고 몰두할 것이다. 이 일을 하다가 죽어도 행복할 만큼 몰입하고 사랑할 것이다.

언젠가 조그만 사무실에 다닌 적이 있다. 나 혼자서 모든 업무를 봐야 하는 곳이었다. 청소도 내 몫이고 서류를 정리하는 일도 내 몫이고 손님에게 커피를 갖다 드리는 일도 내 몫인 그런 곳이었다. 어느 날인가 산더미 같은 서류를 컴퓨터에 입력해야 하는 일이 벌어졌다. 단시간 내에 수천 명의 신상명세를 작성하는 일이었다. 나는 그 일을 다하기 위해 화장실 가는 시간도 아껴가면서 매달렸다. 나중에는 눈이 아른거릴 정도였다. 순식간에 할 일이 많아질 때가 있는가. 저 일을 언제 다할까라는 걱정은 남녀노소 누구나 한 번쯤 해보았을 걱정이다.

산더미처럼 쌓인 서류를 보면서 한숨을 쉬던 나는 이왕 할 거면 신속 정확하게 하기로 결심했다. 그래서 내가 할 수 있는 최고의 스피드와 집중력을 발휘했다. 그리하여 제시간에 그 일을 다 마칠 수 있었다. 그대도 지금 산더미처럼 쌓인 일거리를 바라보면서 고민하고 있는가. 그렇다면 나처럼 하면 된다. 어차피 해야 할 일이라면 자신이 할 수 있는 최대 역량을 발휘하는 것이다. 그러면 기적이 일어난다. 제시간에 못할 것 같은 일도 해낼 수 있는 것이 인간의 놀라운 집중력이다.

일을 하고 싶어도 못하는 사람들도 있다. 그런 사람들에 비하면 자신에게 할 일이 있다는 것은 어쩌면 축복이다. 그러므로 눈앞에서 그대의 손길을 기다리는 일을 사랑하라. 모든 일에는 시작이 있다. 한 번이 두 번이 되고, 두 번이 세 번이 되면서 능력이 향상되고 일이 진행되는 것이다. 지금의 시도가 천 번을 할 수 있는 기초가 된다. 한 번 하는 일을 어떻게 할 것인가를 선택하자. 짜증을 부리고 마지못해서 할 것인가, 웃으면서 최선을 다할 것인가.

같은 일을 해도 태도에 따라서 능률은 달라진다. 즐거운 마음으로 일을 하면 여러 사람이 할 일도 혼자 다 해낼 수 있다. 그러나 억지로 하면 하루에 마칠 일도 열흘이 지나도 해낼 수 없다. 이것은 진리다. 일할 수 있는 것을 기쁘게 생각하자. 건강하기 때문에 우리는 일을 할 수 있는 것이다. 만일 우리가 온몸이 마비된 사람이라면 누가 일거리를 맡기겠는가. 오늘 무슨 일인가를 할 수 있다는 자체만으로도 감사하지 않을 수 없다.

걱정 날리기

아, 짜증 난다. 나는 왜 이렇게 할 일이 많은 걸까. 오늘도 일복이 터졌다. 아침부터 걱정이다. 어쩌면 좋을까. 무작정 걱정만 하는 것은 옳지 않은 것 같다. 차분하게 이 사태를 생각해본다. 이 일을 할 사람은 나밖에 없다. 이 일을 가장 잘하는 사람은 나다. 바로 다른 누가 아닌 내가 할 일인 것이다. 나는 일을 사랑하기로 했다. 걱정 대신 도전의식을 발휘하기로 한다. 그래, 한 번 해보자! 산더미 같은 일이지만 내가 열심히 하면 제시간에 해낼 수 있는 일이다. 일을 다 마치고 난 후의 짜릿한 성취감은 일 앞에서 걱정하는 자에게 주어지지 않는다는 것을 안다.

유명한 교수가 제자의 논문을 도용해서 논란이 되는 일이 종종 있다. 제자 입장에서는 황당한 일이 아닐 수 없다. 믿었던 스승이 자신의 논문을 도둑질해갔기 때문이다. 그래서 법적 소송이 일어나고 두 사람은 모두 상처를 받는다. 사회생활을 하다보면 이런 일이 종종 발생한다. 회사에서도 자신이 낸 아이디어를 동료가 자신의 생각인 것처럼 말해서 승진을 하고 표창을 받기도 한다. 그러면 어떻게 해야 할까.

두 가지 방법이 있을 것이다. 하나는 즉각적으로 법적인 대응을 하는 것이다. 전문 변호사를 고용해서 상대방을 고소한다. 그리고 치열한 법정 공방을 한다. 그 과정에서 엄청난 스트레스를 받는다. 두 번째 방법은 동료에게 그 아이디어를 양보하는 것이다. 이것은 매우 현명한 방법이다. 변호사를 고용하지 않아도 되고 경찰서를 들락거리지 않아도 되며 엄청난 스트레스와 직면하지 않아도 된다. 그저 마음으로 자신의 아이디어를 동료에게 양보하면 되는 일이다. 그대라면 어떤 방법을 택하고 싶은가.

스트레스 받지 않고 살고 싶은가. 걱정으로 자신을 망치고 싶지 않다면 동료가 아이디어를 훔쳐가더라도 평상심을 지켜라. 평상심이란 평정을 유지하는 마음이다. 그대의 마음이 평정을 유지할 수 있다면 극한의 일이 벌어져도 흔들리지 않을 수 있다. 이 세상 그 누구도 혼자서 아이디어를 창조하는 사람은 없다. 비록 그가 혼자서 생각해낸 아이디어라고 해도 결국은 역사 속 현인들의 영향과 실존하는 지혜로운 이들의 영향을 받았기 때문이다. 의사표현을 하는 말이나 글도 수천 년 동안 전해 내려온 인류 역사의 공통 재산이 아닌가. 그러므로 오늘 그대의 아이디어를 도둑맞았더라도 분노하지 마라.

그러면 동료가 자신의 아이디어를 도용했을 때 어떻게 해야 할까. 일단 분노로부터 자신을 지켜라. 화를 잠재우고 어차피 그렇게 된 것이라면 동료가 그 아이디어로 성공하기를 빌어주어라. 이것은 그대 자신을 위한 선택이다. 그리고 사랑에 기초한 선택이다.

도저히 그렇게 할 수 없다면 도용사실을 법적으로 해결할 수도 있다. 하지만 이 경우에는 엄청난 스트레스와 인간에 대한 실망감을 느낄 것이다. 그걸 감내할 수 있다면 법에 호소해도 괜찮다. 나는 그대가 평화롭게 살길 원한다. 그래서 권하는 방법은 아이디어를 훔쳐 간 도둑을 너그러운 마음으로 용서하는 것이다.

믿었던 동료로부터 배신을 당했다. 몇 날 며칠을 고민해서 생각해낸 아이디어를 동료가 도용했다. 가만히 있자니 바보가 되는 것 같고 고소하자니 그의 인생이 불쌍하다.

자, 이제 걱정하지 않겠다. 어차피 벌어진 일이다. 내 아이디어가 얼마나 훌륭했으면 동료는 그것을 훔쳐갔을까. 동료의 용기에 박수를 보낸다. 그가 내 아이디어로 좋은 성과를 얻길 빌어주자. 내가 잘못해서 벌어진 일일 수도 있다. 아이디어를 잘 지키지 못한 결과일 수도 있다. 내 자신을 반성한다. 그리고 지금쯤 속으로 떨고 있을 동료의 어리석은 행동을 용서하자. 그도 괴로울 것이다. 아이디어가 자신의 것이 아닌 것을 동료 자신이 가장 잘 알고 있을 테니까.

취업을 앞둔 학생이나 무엇인가를 하고 싶은데 정작 뭘 할지 몰라 고민하는 사람에게는 먼저 그 길을 걸어본 이들의 조언은 큰 도움이 된다. 나는 그대에게 세상을 조금 더 많이 살아온 사람으로서 혹은 생각을 조금은 더 많이 해본 사람으로서 얻은 지혜를 주고 싶다. 하지만 이 의견은 어디까지나 참고사항일 뿐이다.

진로를 정하지 못해서 걱정하였던 경험은 누구에게나 있다. 나 역시도 작가의 길에 본격적으로 뛰어들기 전에 이것저것 다른 일을 하고 있었다. 글을 쓰는 것이 가장 적성에 맞는다는 것을 알았지만 이것을 직업으로 삼아 살게 될지는 미처 몰랐던 것이다.

진로를 정하는 것은 인생의 구체적인 방향을 설정한다는 말과 같다. 무엇을 하면서 평생을 살아가야 할까. 혹은 무엇을 해야 돈을 잘 벌고 행복하게 살 수 있을까. 이 질문에 대한 해답으로 사회는 안정적인 직장을 권유한다. 명퇴 걱정 없는 안정적인 직장이 최고라고 부추긴다. 그래서 자신의 적성과는 전혀 관계없이 그런 직장으로 입사원서를 내는 사람도 많다.

만약 지금 그대가 진로를 정하지 못해 걱정이라면 절대로 '안정적인 직장'이라는 이유만으로는 취직하지 마라. 그것은 정서적인 자살행위다. 아니, 자신의 선택권을 철저하게 무시하는 행위다. 단지 안정적이고 돈을 많이 벌 수 있다는 이유로 선택한 직장은 결코 행복한 삶을 보장해주지 않는다. 그런 직장에 다니면서 자신의 재능을 묵히고 꿈을 저버린다면 후회스러운 인생을 살게 될 것이다.

그럼 어떻게 해야 할까. 진로는 어떻게든 정해야 한다. 빠르면 빠를수록 좋다. 하지만 서두르거나 앞서 걱정하지는 말자. 자신이 가고자 하는 길을 부모님이나 선생님에게 전적으로 의존해서 결정하지는 말자. 그들은 조언자일 뿐이다. 최후의 선택은 본인이 해야 한다.

이런 일을 하면서 살아라. 가장 좋아하는 프로그램이 시작되는 찰나에 TV를 과감히 끄고 그 일을 시작할 수 있다면 자신의 천직이다. 어떤 드라마나 오락 프로그램보다 더 재미있는 일이 직업이 된다면 어찌 행복하지 않을 수 있겠는가. 진로에 대한 선택권은 그대 자신에게 있다. 책임감을 가지고 끝까지 갈 수 있는 일, 보수와 상관없이 나를 행복하게 만드는 일을 하는 쪽으로 나아가라. 자신을 기쁘게 하고 보람되게 하는 일을 하면서 산다면 결코 후회하지 않을 것이다. 돈은 우리가 행복한 일을 최선을 다해 할 때 부수적으로 따라오는 선물일 뿐이다.

졸업을 앞두고 걱정이 태산이었다. 아직도 진로를 정하지 못하고 있었기 때문이다. 취직을 하든 공부를 더 하든 해야 하는데 어떻게 해야 할지 몰라 하고 있었다. 주위에서는 얼른 안정적인 직장을 붙들라고 한다. 내 실력이면 그런 곳에 들어가는 것은 어렵지 않다. 하지만 뭔가 그렇게 살면 안 된다는 느낌이 강하게 든다. 그래서 진로 걱정에 잠 못 이루고 있었다.

그러나 지금부터는 걱정하지 않을 것이다. 나는 결심했다. 내가 바라는 것은 원하는 일을 하면서 행복하고 자유롭게 사는 것이다. 돈을 위해 일하지 않을 것이고 헛된 명예를 위해 내 자신을 희생하지 않을 것이다. 내가 오래전부터 동경해오던 그 길을 꿋꿋하게 걸어가야겠다.

글 짓 기 를
잘 못 해 서
걱 정 될 때

30

나는 글짓기를 좋아했던 소녀였다. 초등학교 시절부터 노트에 이것저것 이야기들을 쓰는 걸 좋아했다. 말로 하는 것은 허공으로 사라져 버리는 것 같았지만 글로 쓰면 모든 게 남겨져 있어서 좋았다. 작가가 된 것은 그래서 운명인가 싶다. 글쓰기를 좋아하지 않았다면 난 아마 작가가 되지 못했을 것이다. 나와 친분을 유지하고 있는 나보다 열 살 많은 언니는 글을 잘 쓴다는 것이 어려운 일이라고 했다. 그러나 내가 보기에는 그 언니는 나보다 더 논리적으로 글을 잘 쓰는 사람이었다. 세상에는 자기 자신의 가능성을 아직 모르는 사람들이 많다.

글을 잘 쓰는 사람이 되고 싶다면 간절함이 있어야 한다. 그저 겉보기에 매끈하고 잘 쓴 글은 죽어 있는 글이다. 좋은 글이란 읽는 사람의 심장을 아련히 읽을 수 있어야 한다. 그것이 살아있는 글이며 모든 작가들이 꿈꾸는 최고의 글이 아닐까 싶다. 우리는 좋은 글을 읽으면 심장이 아릿하다. 그 안에 작가의 영혼이 아로새겨져 있기 때문이다. 그런 글을 쓰려면 왜 이 글을 쓰고자 하는가 하는 질문을 자신에게 던져야 한다. 확실한 동기가 없는 글은 이미 목적을 잃어버린 무의미한 글이 될 뿐임을 기억하라.

사실 글을 잘 쓰려면 타고난 재능도 있어야 한다. 그리고 재능을 넘어서는 목적의식이 있어야 한다. 예를 들어, 이 글의 확실한 목적은 여러분의 걱정을 없애는 것이다. 이런 확실한 동기가 있기 때문에 가끔 지칠 때도 있고, 그만 쓰고 싶을 때도 있었지만 지금까지 잘 견뎌온 것이다.

내가 작가가 된 것은 재능이 절반이었고, 나머지 절반은 피나는 노력과 간절한 소망 때문이었다. 재능만 있었고 노력이 없었다면 작가가 되지 못했을 것이고, 노력은 하지만 타고난 재능이 없다면 이 역시 어려웠다고 본다. 또 선천적 재능과 후천적 노력 모두를 겸비했어도 사람들을 위로할 글을 쓰겠다는 간절한 염원이 없었다면 작가가 될 수 없었을 것이다.

스피치를 하는 능력, 리더십 등은 학교에서 배우지도 않고 점수화시킬 수도 없는 분야들이다. 공부를 못했다고 해서 지금껏 한 분야에서 두드러진 성과를 올리지 못했다고 해서 영원한 패자는 아니다.

그대의 재능은 무엇인가. 재능이란 신이 주신 선물이다. 우리는 자신의 재능에 맞는 일을 할 때 가장 행복하다. 글을 잘 쓰고 싶은가. 좋은 글을 짓고 싶은가. 작가가 되고 싶은가. 작가의 재능이 있다면 목숨을 걸고 노력하라. 이 길이 아니면 내게는 더 이상 길이 없다는 위기의식을 가지고 노력하면 목적을 이룰 수 있다. 그리고 간절한 소망을 품어라. 어떤 글을 쓰고자 하는가. 그대가 바라는 것이 글 속에 알알이 녹아들게 쓸 수 있다면 그대는 이미 최고의 작가다.

글짓기 시간이면 안달이 난다. 잘 쓰고 싶은 마음은 굴뚝인데 생각 따로 글 따로 놀기 때문이다. 어떻게 하면 글을 잘 쓸 수 있을까. 나는 글 쓰는 일이 참 행복하다. 비록 아직은 서투르지만 언젠가는 멋진 글을 한 편 쓰고 싶은 마음이 있다.

이 걱정에 대한 해답을 오늘 구했다. 처음부터 글을 잘 쓰는 사람은 없다. 열심히 노력하고 좋은 글을 쓰겠다는 뜨거운 소망이 있다면 언젠가는 베스트셀러 작가가 될 것이다. 좋은 작가란 삶의 아픔과 고통을 통찰하고 그것들을 치유할 수 있는 글을 써낼 수 있는 사람일 것이다. 나는 그런 작가가 될 것이다. 내가 쓴 글을 내가 읽어도 아픈 마음이 위로받을 수 있는 그런 글을.

상사가 자주 트집을 잡아서 걱정될 때

윗사람과의 관계는 승진에 적지 않은 영향을 준다. 직장상사와 관계가 불편하면 회사생활이 편할 리가 없다. 성격이 좋지 않은 상사의 눈 밖에 났다가 어려움을 겪는 사원이 한 둘이 아닐 정도다. 물론 상사라고 해서 다 나쁜 것은 아니다. 부하직원을 아끼고 위해 주는 상사도 분명히 있다. 하지만 아무리 잘해 주어도 상사는 상사다. 결코 편안하게 대할 수는 없다.

나 역시도 직장생활을 하면서 상사 때문에 스트레스를 많이 받았다. 별것도 아닌 것을 가지고 트집을 잡는 것이다. 크게 잘못한 것도 아닌데 한 가지 결점을 발견하면 호통을 치기도 했다. 어떨 때는 다른 직원이 한 실수를 오해하여 내게 화를 내기도 했다. 사사건건 트집을 잡는 사람만큼 골치 아픈 사람도 없다. 당하는 사람의 입장에서는 마치 감옥에 갇혀서 감시받는 느낌이 든다.

만약 그대의 상사가 걸핏하면 트집을 잡고 괴롭힌다면 어떻게 하면 좋을까. 일단 상사의 특성을 잘 파악해보자. 다른 사람에게 잔소리를 많이 하는 사람은 자신을 과시하고자 하는 욕구가 남다르다. 그들은 자신의 능력을 인정받고 싶어 한다. 그리고 다른 사람이 자신을 존경해주길 바란다. 부하 직원에게 걸핏하면 트집 잡고 잔소리하는 상사는 부하직원을 혼냄으로써 자신이 그만큼 우월한 존재라는 걸 과시하고 있는 것이다. 그런 상사들은 사무실에 자신이 받은 표창장이나 그런 장면이 포착된 사진, 유명인사와 함께 찍은 사진을 늘어놓기도 한다. 한마디로 '나는 잘난 사람이오!'라고 외치고 싶은 것이다.

그런 상사를 다루는 방법을 안다면 아무리 잔소리를 들어도 마음의 평정을 유지할 수 있다. 그렇다면 과시욕이 강한 사람은 어떻게 상대해주어야 할까. 그런 사람일수록 칭찬에 약하다. 이 점을 기억하자. 그대의 행동을 사사건건 트집 잡는 상사에게 칭찬을 퍼부어라. 한 가지만 칭찬하지 말고 여러 가지를 동시에 칭찬해 주어라. 그가 주로 자랑하던 것들을 칭찬해주면 좋아할 것이다. 이것은 아부와는 차원이 다르다. 서로의 관계를 평화롭게 유지하기 위한 기술이다. 걸핏하면 트집 잡는 사람은 외로울 능성이 크다. 누군가로부터 사랑받고 싶어 하는 사람이라는 것이다. 잔소리를 하더라도 상사를 미워하지는 말자. 그는 그대에게 인정받고 싶어 하는 외로운 사람이다.

우리 회사 상사는 걸핏하면 트집을 잡고 잔소리를 한다. 그런 일이 너무 잦아서 걱정이었다. 이젠 걱정을 하지 않을 것이다. 왜냐하면 난 상사가 왜 그러는지 알기 때문이다. 자신을 과시하고 싶고 인정받고 싶기 때문에 별것 아닌 걸로도 잔소리를 한다는 것을 알 수 있다. 앞으로는 상사가 트집을 잡고 화를 내고 잔소리를 해도 스트레스를 받지 않을 것이다. 그런 사람일수록 더 친절하게 대해주고 칭찬해 주어야 한다. 나는 피해자의 입장에서 지금껏 상사와의 관계를 이어왔다. 이젠 피해자가 아니라 인생의 동료로서 그를 이해할 것이다. 그의 마음은 공허하고 외롭고 쓸쓸하다. 그것을 이해한다.

출퇴근으로 사람들이 북적이는 지하철 안에서 여성의 몸을 노리는 성추행범이 검거되었다는 뉴스를 가끔 듣는다. 성추행은 성폭력의 하나다. 일방적인 성적 만족을 얻으려고 신체 접촉을 가함으로써 상대방에게 성적 수치심을 불러일으키는 행동이다.

그런데 우리 주변에는 그런 행동이 범죄인 줄도 모르고 저지르고 있는 사람들이 많다. 엉덩이 한 번 쓰다듬는다고 그게 범죄냐, 일을 잘해서 격려 차원으로 만진 것뿐이다. 성추행범들의 변명이다. 그러나 성추행은 형법 제298조에 명시되어 있다. 강제 추행한 자는 10년 이하의 징역 또는 1500만 원 이하의 벌금에 처하게 되며, 공소시효는 7년에 해당하는 분명한 범법행위다.

엊그제 뉴스에서는 시아버지가 며느리의 엉덩이를 쓰다듬었다가 아들과 며느리로부터 고소를 당했다는 소식이 전해졌다. 이 소식을 접한 누리꾼들의 반응은 어떠했을까. 소수의 의견을 제외한 다수의 사람들이 시아버지가 며느리를 성추행했다고 말했다. 며느리가 그런 일을 한두 번 당하지는 않았나 보다. 몇 번 지속되니까 참다못해 남편과 함께 경찰서에 찾아갈 것이 아닐까. 어찌되었든 가족의 해체까지 불러올 수도 있는 이런 일이 벌어진 것은 이 사회의 불행이 아닐 수 없다. 가족 간에도 이런 일이 발생하는데 남들과 어울리는 사회생활에서는 얼마나 많은 성추행이 벌어지겠는가.

누군가가 그대를 지속적으로 성추행하는가. 은밀하게 행해지는 성추행은 사람을 비참하게 만들고 수치스럽게 만든다. 추행을 하는 당사자는 짜릿한 쾌감을 느낄지 어떨지 모르지만, 당하는 입장에서는 가해자를 죽이고 싶은 심정이 된다. 그렇다고 남들에게 말하자니 부끄럽고 혼자 숨기고 있자니 계속 그런 피해를 당해야 한다. 성추행 가해자는 이 점을 노린 것이다. 쉽게 말하지 못할 것이니까 계속 괴롭히는 것이다. 그렇다면 그런 성추행범을 대하는 효과적인 방법은 무엇일까.

성추행을 당하면 즉시 불쾌하다는 표시를 해라. 상대방에게 왜 그런 행동을 하느냐고 불쾌하다고 말해라. 그렇게 하면 상대방은 다시는 그런 행동을 못할 것이다. 만약 그냥 가만히 있으면 더 심한 성추행을 감행할 것이 틀림없다. 정도가 지나치면 경찰에 신고하는 것도 좋은 방법이다. 성추행은 명백한 범죄임을 알아야 한다. 우리가 서로의 몸과 정신을 존중해주지 않는다면 이 세상은 어떻게 될 것인가. 자신의 욕구를 충족시키기 위해 선량한 타인을 이용하는 것만큼 비열한 짓은 없다. 성추행범에게 관대하지 마라. 그가 계속 그런 짓을 하거든 단호하게 대처하라.

능글맞게 생긴 상사가 내 엉덩이를 어루만질 때마다 소름이 돋았다. 가끔 상사는 내 가슴을 슬쩍 건드리기도 했다. 그럴 때마다 나는 을의 입장에서 처신했다. 그리고 성추행을 당하는 스트레스 때문에 직장 다니기가 싫어졌다.

하지만 지금부터는 걱정하지 않을 것이다. 나는 내 몸을 지킬 의무가 있다. 부모님께서 주신 이 소중한 몸을 타인의 노리개로 쓰이게 할 수는 없다. 나를 지키기 위해 앞으로는 상사가 성추행을 하면 단호하게 대처할 것이다. 을의 입장이 아니라 한 인간의 입장에서 나의 자존심을 해치는 행위를 용서하지 않을 것이다.

생활 속
걱정 버리기

don't worry be haPPY

이 사 가 걱 정 될 때

33

　자신이 살던 터전을 떠나는 것이 이사다. 그곳이 고향이든 제2의 고향이 된 타향이든 얼마간이라도 머무르던 곳을 떠나서 새로운 곳으로 이사를 가야 한다는 건 여러 모로 스트레스로 작용하는 것 같다. 몇 년 전에 이사를 했던 기억이 난다. 그런데 난 그때 전혀 걱정을 하지 않았었다. 집을 팔기 위해 부동산에 갔을 때 내게 이사 갈 집을 구해놓았냐고 어떤 사람이 물었다. 나는 지금 생각해보면 어이없게도 이사 갈 집을 구하지 않았었다. 내가 구하지 않았다고 말하자, 상대방은 어떻게 집을 파는 데 이사 갈 집을 구하지 않고 있냐고 걱정했다. 정작 이사를 가는 사람은 나인데 그 사람이 걱정을 해준 것이다.

　그 당시에 참 느긋했던 것 같다. 이사를 간다는 건 보통 큰일이 아닌데 그렇게 천하태평으로 지냈으니 말이다. 그런데 그렇게 걱정하지 않고 행동했더니 오히려 더 좋은 집을 구하게 되는 행운을 얻었다. 내가 만약 그때 불안해하고 걱정하면서 이 집 저 집을 무분별하게 알아보러 다녔다면 지금 살고 있는 이 좋은 집으로 이사하지는 못했을 것 같기 때문이다.

이사 가는 것이 걱정되는가. 정든 곳을 떠날 생각에 아쉬움이 많이 들 것이다. 그리고 낯선 곳에 가서 적응하며 살 일도 당연히 염려스러울 것이다. 집을 구하는 것도 스트레스로 작용할 것이고 여러모로 힘들 줄 안다. 이럴 때일수록 그대는 자신에게 느긋해지라고 주문해야 한다. 이사 가는 것이 어차피 선택한 일이라면 초조해할 이유가 없을 것이다. 어떤 상황이 올 때 그 상황을 자신의 것으로 만들려면 느긋함이 필수다. 최대한 느긋한 마음으로 이삿짐을 싸라. 그리고 이사 갈 집도 꼼꼼하게 잘 살펴서 구하길 바란다. 등기부등본은 기본으로 떼어서 혹시 집이 담보로 잡혀 있는지 알아보고, 주변을 조사해 그 집에 가서 잘 적응할 수 있는지도 미리 살펴보아야 한다. 이사는 스트레스의 주범이 아니다. 그대 인생의 날들을 더 풍요롭게 만들 좋은 기회다.

걱정 날리기

조금 있으면 곧 이사를 가야 하기 때문에 짜증이 나고 걱정이 되었다. 하지만 지금 이 순간부터는 걱정 대신 느긋함을 가질 예정이다. 이사 갈 집을 정할 때는 집에 관한 여러 가지 정보를 명확하게 알아보고 또한 그 주변의 환경 등을 면밀하게 살필 것이다. 이삿짐 싸는 일은 힘든 노역이 아니라 즐거운 소풍 전날 가방을 싸듯 할 것이다. 새로운 곳에 가

서도 지금까지 잘해왔던 것처럼 좋은 이웃을 사귀고 행복하게 살 것을
믿는다. 이사는 학창 시절에 소풍가는 것처럼 나를 들뜨게 한다. 나는
이 일을 즐길 것이다.

지구 멸망이
걱정될 때

33

이 걱정은 인간이 이 세상에 출현한 순간부터 어쩌면 계속된 걱정인지도 모른다. 그만큼 지구의 멸망에 대한 걱정은 광범위하고 역사가 깊다. 내가 이 글을 쓰기 시작했던 2012년은 지구 멸망에 대한 공포심이 극에 달한 해가 아닌가 싶다. 고대 마야달력에서부터 현대의 슈퍼컴퓨터에 이르기까지 2012년을 지구 멸망의 해라고 예언하고 있다. 이 걱정은 언론에서도 심심찮게 다룰 만큼 전 인류의 걱정이 되어버렸다.

그렇다고 이런 걱정이 이번이 처음은 아니다. 전 세계인이 지구 멸망의 공포에 떨었던 해가 있었으니 바로 1999년이다. 이 해는 20세기의 마지막 해로 수많은 이들이 지구가 멸망할 것이라고 믿었다. 그리고 온갖 사이비 종교가 등장해 지구 멸망에 대비하자고 사람들을 유혹했다. 하지만 1999년이 지나고

116

2000년 1월 1일의 태양이 떠올랐지만 지구는 멸망하지 않았다. 그럼 1999년에 지구가 멸망할 것이라는 공포와 걱정으로 자살을 택한 사람들의 억울함은 누가 풀어줄 것인가.

나 역시도 겁이 많아서 지구가 멸망하면 어떻게 하나 하는 걱정을 했다. 지구가 멸망하면 더 이상 사랑하는 사람들을 볼 수도 없고 나 자신도 흔적 없이 사라져버릴 것이니 인생이 허무하게만 느껴지는 것이었다. 그런 생각에 몰입하다보니 어차피 멸망할 것 뭐 하러 열심히 사나 싶은 마음이 드는 것이었다. 걱정 근심은 멀쩡한 사람도 병자로 만들어버린다. 지구 멸망에 대한 걱정도 그것에 몰입하다 보면 일상생활에 대한 흥미를 잃게 만들고 자신의 목표와 꿈에 대한 열정도 식게 만들 수 있다. 그러므로 우리는 지구가 멸망하지 않을까 하는 걱정을 하는 대신에 더 건설적인 일에 마음을 두어야 하는 것이다.

지구는 언젠가 사라질 것이다. 우주의 모든 것들은 반드시 생성, 발전, 소멸의 3단계를 거치게 되어 있다. 이것은 우주의 이치다. 소멸하는 것은 생명 있는 것이나 생명 없는 것이나 모두에게 공통된 운명이다. 그러므로 지구가 멸망할 것을 염려하고 걱정하는 것은 참으로 쓸데없는 일이다. 지구는 멸망한다. 그러나 그 시기는 아무도 모른다. 그러므로 우리는 걱정하지 않아도 된다. 지구가 멸망할 것을 걱정하는 것은 오늘 저녁에 어둠이 찾아올 것을 걱정하는 것과 같은 부질없는 일이 아니겠는가. 우주의 이치를 바꾸려 하지 말고 자신의 운명을 바꾸기 위해 노력하는 일이 더 쉬울 것이다.

오랫동안 지구가 멸망하지 않을까 하는 걱정에 사로잡혀 자신을 괴롭게 만들었다. 그러나 이 순간부터는 그런 쓸데없는 걱정에 내 에너지를 낭비하지 않을 작정이다. 어차피 모든 것은 사라지게 되어 있다. 지구 역시도 언젠가는 멸망할 것이다. 그러나 그 시점은 누구도 모르는 일. 지구가 내일 멸망해도 나는 오늘 내가 할 일을 해나갈 것이고, 내가 사랑하는 사람들과 행복하게 지낼 것이다. 그러면 진짜 지구가 멸망하는 날에 "내 인생 이만하면 잘 살았어"라고 회고하며 웃을 수 있을 테니까.

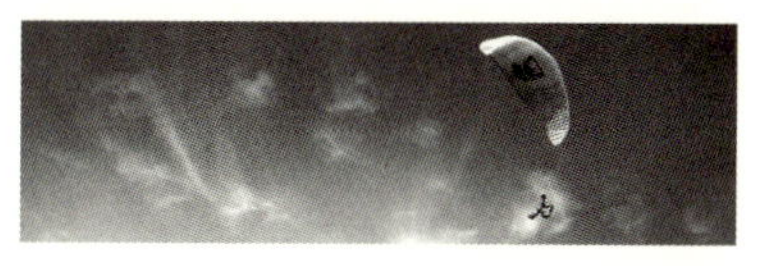

납치당할까 걱정될 때

요즘 엽기적인 뉴스가 사람들의 마음을 심란하게 만들고 있다. 20대 여성이 밤길을 걸어가다가 납치되어서 토막 살인을 당한 것이다. 이 일 외에도 수많은 납치사건이 벌어지고 있다. 우리나라에서 연간 실종된 사람의 수가 무려 2만여 명에 가깝다고 한다. 그래서 납치에 대한 두려움이 생길 수 있다. 심약한 사람만 그런 걱정에 사로잡히는 건 아닐 것이다. 지극히 신체가 건강한 사람도 당할 수 있는 일이기 때문이다.

납치를 당할까 걱정되고 불안하다면 어떻게 해야 할까. 우선 납치되는 상황을 잘 이해해야 할 것이다. 대부분의 납치 사건은 혼자서 으슥한 길을 걸어가거나 모르는 사람을 따라갈 때 벌어진다. 그러므로 그런 위험한 상황을 피하기 위해서는 우선 으슥한 밤길을 혼자 걸을 때는 각별히 주의하고, 낯선 사람을 따라가는 일도 조심해야 할 것이다.

또한 호신용품을 지니고 다니는 것도 좋은 방법이다. 요즘에는 여성전용 호신용품과 아이들에게 맞는 호신용품 등 다양한 형태의 제품들이 나오고 있다. 그런 제품 한두 개쯤 지니고 다닌다면 훨씬 마음이 든든할 것이다. 그리고 자신을 방어할 수 있는 호신술도 배워두면 좋다. 무엇보다도 자신감 있게 걸어가는 것이 중요하다. 약해 보이는 사람은 동물 세계에서와 마찬가지로 누군가의 사냥감이 되기 쉽다는 것을 기억하자.

나 역시도 얼마 전에 위험한 상황을 겪은 적이 있다. 병원에서 아들의 퇴원 수속을 하고 있는데 낯선 여자가 내게 접근해 오는 것이었다. 터미널까지 태워다 주겠다면서 지나친 친절을 베푸는 그녀는 하얀 드레스차림이었는데 무언가 묘한 분위기를 풍겼다. 순진한 나는 그 여자의 말을 곧이곧대로 그러겠다고 했다. 그러자 그녀는 아주 기뻐하면서 차를 가져오겠다면서 주차장으로 갔다. 그 사이에 난 어린 아들로부터 한 수 배워야 했다.

"엄마, 도대체 저 아줌마의 뭘 믿고 차를 타시려는 거예요. 아무래도 수상해요. 우리 저 차 타지 말고 택시 타요."

나는 화들짝 놀라 얼른 택시를 집어탔다. 택시기사님의 한 마디가 인상적이었다.

"그런 차 타고 가시면 큰일 납니다. 그렇게 납치된 사람도 있으니까 조심하세요."

실제 인터넷에 검색해 보면 심심치 않게 납치미수사건들을 볼 수 있다. 여자뿐만 아니라, 장기매매로 남자들도 납치하는 경우도 있다고 한다. 영화 〈아저씨〉에서 벌어졌던 사건이 현실에서도 벌어지고 있는 것이다. 조심, 또 조심하자!

약하거나 순진해 보이면 안 된다.

요즘 흉흉한 사건들을 보고 납치되지 않을까 걱정을 많이 했다. 몸도 마음도 위축된 채 활동량도 대폭 줄었다. 하지만 지금부터는 납치에 대한 공포로 걱정하지 않을 것이다. 으슥한 곳이나 어두운 곳을 걸을 때는 주변을 잘 살피고, 호신용품도 준비해서 가지고 다닐 것이며, 낯선 사람이 베푸는 지나친 친절도 경계할 것이다.

 속으로는 부드럽고 순수하지만 겉으로는 순진함을 드러내지 않을 것이다. 납치되지 않기 위한 최선의 방법은 납치할 수 없는 사람이 되는 것임을 안다. 매사에 조심하고 몸가짐을 바르게 해서 나 자신을 지킬 것이다.

36

우리가 불안한 이유는 어떤 사건이 일어났을 때의 처참함과 손실이 생생하게 느껴지기 때문이다. 화재에 대한 불안과 걱정도 마찬가지다. 뉴스에서는 거의 하루도 거르지 않고 화재에 관한 소식이 전해진다. 상가 화재, 아파트 화재, 주택 화재, 산불, 자동차 화재 등. 시뻘건 불길이 치솟고 시커먼 연기가 하늘을 뒤덮는 아비규환의 장면을 보다보면 어느새 화재가 자신의 곁에서 일어날 것만 같은 생각이 드는 것이다.

나도 가끔 그런 걱정을 하는 사람이었다. 걱정의 대명사이기도 했던 과거의 나는 온갖 걱정거리를 혼자 만드는 여자였다. 그중에 집에 불이 나면 어쩌나 하는 걱정도 포함되어 있었다. 걱정은 걱정거리를 현실로 여겨지게 만드는 힘이 있다. 무슨 말이냐 하면 걱정을 하면 그 걱정하는 일이 마치 진짜로 일어난 것만 같은 불안과 초조를 안겨주는 것이다.

집에 불이 날까 걱정되는가. 그렇다면 일단은 불이 나지 않게 조심해서 행동하라. 그러나 지나친 조심은 강박증이 되기 쉽다. 무엇인가가 걱정되고 두려우면 그것을 피해 소심하게 살 것이 아니라, 그 걱정을 적극적으로 해결해나가는 자세가 필요하다. 집에 불이 날까 걱정된다면 집에서 화재가 나지 않게 전문가를 불러 전기선을 점검하고 누전차단기가 잘 작동되는지 살펴보고 소화기를 준비하면 된다.

불은 나지 않을 것이다. 불이 나더라도 소화기를 준비해두었으면 걱정할 필요가 없다. 그리고 든든한 119 소방대원들이 있지 않은가. 정 걱정되면 나처럼 라이터나 성냥 같은 위험한 물건을 집에서 추방하는 것도 좋은 방법이다. 그리고 인화성 물질 대신 불에 잘 타지 않는 내장재로 집 안을 꾸미는 것도 한 방법이다. 이처럼 만반의 대비를 한다면 화재가 나는 일은 드물 것이다. 만약에 화재가 나면 당황하지 말고 젖은 수건 등으로 입을 막고 탈출이 불가능할 경우에는 문틈을 잘 막은 다음 구조를 기다리기 바란다. 아파트 등에서는 절대로 엘리베이터를 타지 말고 무모하게 밑으로 뛰어내리지도 말고 계단을 통해 대피하되 밑에서 불길이 치솟으면 옥상으로 올라가서 구조를 기다려야 한다.

걱정 날리기

요즘 난 집에 불이 날까 걱정되기 시작했다. 불날 것이 걱정되니 외출을 해도 집 걱정 때문에 편안하게 시간을 보내지도 못하고 서둘러 귀가하곤 했다. 하지만 이제는 불날 것을 걱정하지 않을 것이다. 나는 소화기를 사고 소화기의 작동 방법을 습득할 것이다. 불이 날 수 있는 위험요소들을 제거하고 만일 불이 나면 침착하게 사태에 대처할 것이다. 화재는 방심한 사이에 일어나는 것임을 명심하고 매사에 조심하며 안전하게 생활하면 된다. 불이 나면 신속하게 119에 신고하고, 소화기로 진화할 것이며, 그것이 불가능하면 안전한 곳에서 구조를 기다릴 것이다.

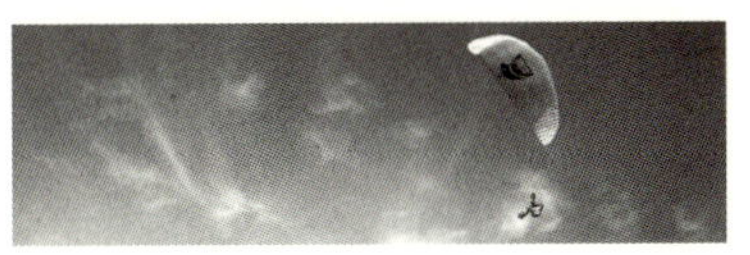

폭 행 당 할 까
걱 정 될 때

대한민국은 지금 학교폭력과의 전쟁이다. 어느 도시에서는 올해 들어서만 해도 10명 가까운 학생이 자살을 했다. 이유는 모두 학교폭력에 의한 것이다. 이 수치는 전국적으로 보면 더 엄청날 것이고 아직 밝혀지지 않은 피해자들까지 합하면 상상을 초월할 수 있을 것이다. 약자를 짓밟는 것이 강자일까. 아니다. 그들은 비겁한 자들이다. 연약해 보이는 어린 학생이 엘리베이터에서 내리는 마지막 장면이 네티즌들의 마음을 울리고 있다. 그 학생은 2시간 정도 옥상 위에서 머물다 뛰어내리고 말았다. 2시간 동안 아이는 무슨 생각을 했을까?

누군가에게 자주 폭행당하고 있는가. 그리고 또 다시 폭행을 당할 위험에 처해있는가. 그래서 걱정되는가. 인간이 인간을 때린다는 것은 전적으로 옳지 않다. 무슨 자격으로 다른 사람을 때릴 수 있단 말인가. 우리는 폭력에 대해 분노해야 한다. 그대는 맞을 사람이 아니다. 맞아야 할 이유도 없다. 그러므로 자신이 맞도록 방치해서는 안 된다. 어떻게 해서든 폭력의 고리를 끊어내야 한다. 약한 모습을 상대방에게 보이지 말고 눈빛 하나에도 독기를 담아라. 나는 호락호락한 사람이 아니라는 것을 가해자가 한눈에 봐도 알 수 있도록 해야 한다.

키가 크고 덩치가 큰 친구와 키도 작고 덩치도 왜소한 친구가 있었다. 그 두 친구는 가끔 몸싸움을 하곤 했는데 신기하게도 키도 작고 덩치도 왜소한 친구가 이기는 것이었다. 어느 누가 봐도 이해가 안 가는 상황이었다. 키도 작고 덩치도 작은 친구가 이긴 이유는 뭘까. 그것은 한마디로 말하자면 오기와 독기다. 키도 크고 덩치도 큰 친구가 괴롭히려고 하면 작은 친구는 결코 호락호락 당하지 않았다. 자신의 단점인 작은 몸을 장점으로 승화시켜서 키 큰 친구의 허점을 공격해 이기는 것이었다. 키 큰 친구는 작은 친구를 함부로 대하지 못했다. 다른 친구들도 그 친구를 무시하지 못했다. 작은 친구는 자신을 지킬 줄 알았던 것이다.

자, 다시 원점으로 돌아와서 누군가가 괴롭히는가. 자꾸 불러내고 폭행하는가. 그래서 걱정되고 두려운가. 그렇다면 이제 이렇게 하는 것이다. 그 친구가 불러내도 나가지 마라. 부모님께 이 사실을 모두 말씀드려라. 선생님께도 상담하라. 그리고 무엇보다도 괴롭히는 친구에게 괴롭힐 수 있는 시간을 주지 마라. 그 친구가 어떤 압박을 가해와도 항복하지 말라는 뜻이다. 강하게 나가라. 약해 보이면 더 짓밟는 것이 폭행을 행사하는 가해자들의 습성이다. 강하게 나가고 자존심을 가지고 생활하면 함부로 대하지 못할 것이다. 그대 자신의 힘을 믿어라. 그대는 강한 사람이다.

유난히 작고 약해 보이는 나를 몇 명의 친구가 괴롭혔다. 시간만 나면 심부름을 시키고 주먹으로 얼굴을 때리고 발로 걷어찼다. 그럴 때마다 나는 더 가련하게 울부짖곤 했다.

하지만 이제는 그렇게 살지 않을 것이다. 맞을 것을 걱정하면서 벌벌 떨던 과거의 나는 이제 없다. 앞으로 어떤 협박에도 굴하지 않을 것이다. 부모님과 선생님께도 이 일을 의논할 것이며, 나 자신을 지키기 위해 호신술도 배울 것이다. 그래서 나처럼 누군가의 폭행으로 힘들어하는 친구를 보호해줄 것이다. 그리고 나를 폭행한 친구에게 사람은 사람을 때릴 명분이 없다는 것을 가르쳐 줄 것이다. 우리는 서로 위하고 보듬어 주어야 하는 존재라는 것을 말해줄 것이다.

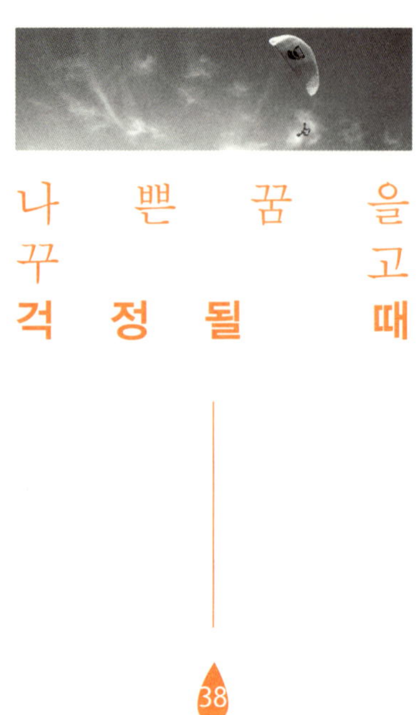

나쁜 꿈을 꾸고 걱정될 때

38

　성장기 시절에 사람들이 자주 꾸는 꿈이 있다. 바로 낭떠러지 같은 높은 곳에서 떨어지는 꿈이다. 나도 가끔 그런 꿈을 꾸었다. 꿈이 너무 생생하고 무서워서 자고 일어나면 식은땀이 흥건하게 몸에 배어 있을 정도였다. 나중에 알고 보니 그 꿈은 키가 크는 꿈이라는 것이다. 그 말을 조금 더 일찍 들었더라면 좋았을 텐데 아쉬움이 남았다. 어찌되었든 그 후에는 그 꿈을 꾸어도 무섭지 않았던 기억이 난다.

　우리는 인생의 절반은 잠을 자면서 산다. 꿈을 한 번도 꾸지 않은 사람은 없을 것이다. 대부분의 사람들은 꿈을 꾼다. 어떤 꿈은 깨어나서 기억조차 나질 않고 어떤 꿈은 마치 현실에서 일어난 일인 양 생생해서 소름이 돋기도 한다. 그런데 기분 좋은 꿈보다는 무섭고 나쁜 꿈은 더 기억에 남는다. 시체를 본다거나, 자기가 죽는다거나 하는 꿈을 꾸고 나면 기분이 좋을 리 없다. 그래서 미래에 무슨 나쁜 일이 일어나지 않을까 은근히 걱정되는 것이다.

혹시 그대도 어젯밤에 나쁜 꿈을 꾸었는가. 피를 흘리는 꿈이나 홍수에 휩쓸려 가는 꿈 등 현실에서 벌어졌다면 정말 끔찍할 것 같은 꿈을 꾸었다면 걱정하지 않아도 된다. 피를 흘리거나, 시체를 보거나, 홍수를 당하거나, 화재가 나는 꿈 등은 길몽에 속하는 좋은 꿈이기 때문이다. 심지어 자신이 죽는 꿈도 좋은 꿈에 속한다고 한다. 나쁜 꿈일수록 앞으로 좋은 일이 일어날 것을 암시하는 것이다. 나도 그런 꿈을 꾼 적이 있다. 시체를 바라보고 홍수가 나는 꿈을 꾸었는데 훗날 책이 베스트셀러가 되었다.

의지로 꿈을 꾸는 것이 아니다. 꿈은 현실의 고민과 걱정이 반영되기도 하고, 미래에 벌어질 일들에 대한 초능력적인 예지가 나타나기도 한다. 꿈꾸기 싫다고 꾸지 않을 수도 없는 일이다. 그럼 어떻게 해야 할까. 바로 선택적 수용이 필요하다. 꿈 해몽이 좋은 꿈은 수용하고, 좋지 않은 꿈은 잊어라. 선택은 인간에게 주어진 신의 축복이다. 우리는 늘 선택할 수 있다. 자신을 행복하게 하는 것과 자신을 불행하게 만드는 것. 나쁜 꿈이 걱정된다면 잊으면 된다. 그리고 자신을 행복하게 만드는 즐거운 꿈만 기억하면 된다.

걱정 날리기

나는 며칠 전에 차마 입에 담지 못할 끔찍한 꿈을 꾸었다. 그래서 무섭고 걱정되었다. 무슨 재수 없는 일이 생기려고 그러는 걸까. 그런데 알고 보니 그 꿈이 길몽이란다. 이런, 이런! 그동안 걱정한 시간이 아깝다. 앞으로는 아무리 나쁜 꿈을 꾸어도 걱정이나 근심하지 않을 것이다. 나는 좋은 꿈, 행복한 꿈, 즐거운 꿈만 수용할 것이기 때문이다. 내게는 좋은 일만 생길 것이다. 그래서 나는 나를 행복하게 만들고 기분 좋게 하는 꿈들만 기억할 것이다.

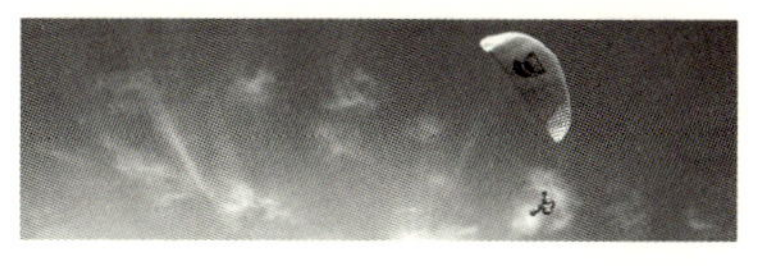

사주에 대해 들어본 적이 있는가. 중국 도교 서자평의 명리학에서 유래된 사주에 대해 알아보자. 사주(四柱)는 글자 그대로 '4개의 기둥'이란 뜻을 포함하고 있다. 여기서 4개의 기둥은 그 사람이 태어난 연(年), 월(月), 일(日), 시(時)를 가리킨다. 연월일시라고 하는 4개의 기둥에 그 사람의 운명을 좌우하는 모든 정보가 담겨 있다고 보는 것이 사주다.

사주가 안 좋아서 내가 이렇게 살고 있다고 말하는 사람이 많다. 사주 한 번 보라는 이야기도 가끔 듣는다. 길거리에는 단 돈 만 원이면 사주를 봐준다는 사람도 있다. 그럼 사주는 무엇일까. 비과학적이고 미신이라고 믿는 일반적인 생각과는 달리 사주는 과학적이고 체계적인 학문에 근거한다. 그래서 꽤 들어맞기도 하는 것이다. 인간의 사주는 어떤 해, 어떤 달, 어떤 날, 어떤 시에 태어나는가에 따라서 다르다. 명리학에서는 그 사람이 태어날 때 우주의 기운이 들어온다고 본다. 어머니의 자궁 안에 있을 때의 선천에서 탯줄을 분리함에 따라 후천이 시작된다고 한다. 그 순간 우주에 별들의 위치에 따라서 사람이 받은 에너지가 달라진다고 본다. 이 부분은 서양의 점성술과 비슷하다고 볼 수 있다.

완전한 미신으로 치부해 버리기에는 근거가 있는 학문이 사주인 것이다. 그렇지만 이 사주가 100% 다 들어맞는 것은 아니다. 노력에 따라 사주도 바꿀 수 있기 때문이다. 그러므로 그대가 만일 사주를 봤는데 좋지 않게 나왔더라도 실망할 필요가 없다. 운명을 바꿀 수 있는 열쇠를 지니고 있기 때문이다. 우리의 운명을 바꿀 열쇠는 무엇인가.

그 열쇠는 바로 생각하는 법이다. 사주가 안 좋아서 걱정이라면 그대, 자신이 지닌 열쇠로 운명을 바꿔라. 생각하는 법을 획기적으로 바꿀 수 있다면 그대의 삶은 지금보다 호전될 수 있다. 사주를 바꾸고 운명을 변화시키는 생각이란 어떤 생각인가. 그것은 어떤 불행한 상황이 닥쳐도 지지 않겠다는 결연한 의지와 마음가짐일 것이다. 아무리 사주가 좋아도 생각하는 법을 모르는 사람은 자신에게 주어진 복을 누릴 수 없다. 사주가 안 좋더라도 생각하는 법을 올바르게 바꾸고 긍정적이며 희망적으로 생활해 간다면 없는 복도 만들어서 누릴 수 있음을 기억하자. 운명의 주인은 우리 자신이다. 사주가 좋으면 더 좋게, 안 좋으면 좋아지게 만들 수 있는 것도 우리 자신이다.

얼마 전 우연히 보게 된 사주가 너무 안 좋았다. 그래서 기분도 엉망이고 일할 맛도 잃었다. 그러나 이제는 사주가 안 좋다고 걱정하지 않을 것이다. 왜냐하면 사주란 타고난 것이기도 하지만 자신의 노력으로 변화시킬 수도 있음을 알기 때문이다.

타고난 운명을 바꿀 수 있는 것은 생각의 힘이다. 나는 가능한 한 긍정적인 생각을 하면서 인생을 살아나갈 것이다. 어떤 위기나 재난이 다가와도 포기하지 않고 열정적으로 일을 해결해 나갈 것이다. 그러면 내 운명에 드리워진 그림자는 흔적도 없이 사라지게 될 것이 분명하다.

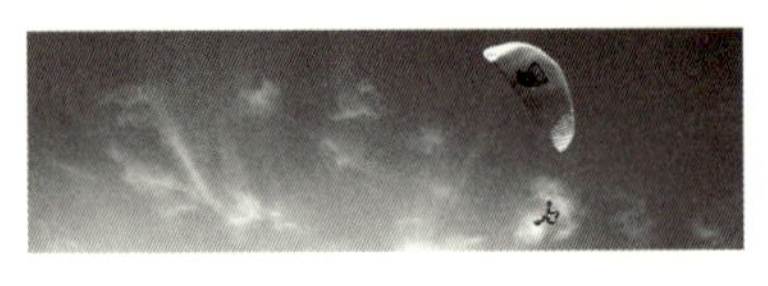

전 쟁 이 날 까
걱 정 될 때

지구상 유일한 분단국가인 대한민국에 살면서 전쟁이 날까 두려워하지 않는 사람이 얼마나 될까. 전쟁을 경험하지 못한 세대들도 최근 들어 발생한 천안함과 연평도 사건을 보면서 걱정을 한다.

'이러다 전쟁 나는 거 아니야?'

걱정이 걱정에서만 그치는 것은 아니다. 일부 사람들은 라면이나 생필품 등을 사재기하기도 한다.

걱정이 유난히 많았던 나 역시도 전쟁에 대한 걱정을 한 적이 있다. 그것은 북한에서 서울을 불바다로 만들어버리겠다고 협박한 몇 년 전이다. 거친 말이나 협박 같은 것을 싫어하고, 그런 말을 들으면 가슴이 덜컥해지는 성격 탓이었는지 그 말이 곧 전쟁을 내겠다는 말로 들렸던 것이다. 그래서 얼른 마트에 가서 라면을 몇 상자 사야 하지 않을까, 전쟁이 나면 어디로 피난을 갈까 등의 걱정을 하였다. 그런데 다행스럽게도 그 해에 전쟁은 일어나지 않았다. 그리고 재밌는 것은 그로부터 몇 년이 흐른 어느 날, 북한은 또 다시 서울을 불바다로 만들겠다고 협박하고 있는 것이었다.

진지하게 걱정했던 몇 년 전의 나를 우스꽝스럽게 만든 똑같은 불바다 협박에 나는 쓴웃음을 지었다. 어디 전쟁이 그리 쉽게 나는 것이겠는가. 너무 쉽게 전쟁을 생각했던 것이다. 전쟁을 시작하는 쪽은 자국의 모든 시설과 인명이 피해를 입을 것을 각오해야 한다. 그리고 도발국가가 되어 전 세계적인 지탄도 받을 것이다. 이런 위험을 감수하면서까지 이미 획득한 지위와 재물 등을 포기하고 전쟁이라는 불바다에 뛰어드는 지도층은 드물다고 볼 수 있다.

전쟁이 날 것이 걱정되는가. 걱정하지 말자. 전쟁은 날 가능성이 매우 희박한 일이다. 그리고 지금은 최첨단 무기가 배치된 상태다. 전쟁이 나면 피난 보따리를 이고 지고 도망갈 시간도 없을지 모른다. 그러므로 전쟁이 난다면 모두가 죽는다고 보면 된다. 어차피 발발하면 모두가 공멸하는 것이 전쟁인데 왜 걱정하는가. 이것은 마치 지구가 멸망할 것을 걱정하는 것과 같다. 우리가 어찌할 수 없는 상황에 대한 우매한 걱정이다. 자신이 제어할 수 없는 일들에 대해 마음 조려하는 것만큼 소모적인 일도 없다. 걱정하지 말자. 전쟁이 일어날 일은 없을 것이다. 전쟁을 걱정할 시간에 어떻게 하면 평화로운 세상이 될까를 생각해보고 생활 속에서 실천해보면 어떨까.

전쟁으로 죽는 사람이 얼마나 많은가. 세계 곳곳에서 전쟁으로 수많은 사람들이 죽어나간다. 뉴스를 보면 전쟁 뉴스가 가장 빨리 눈에 들어온다. 그리고 걱정된다. 혹시 전쟁이 나면 나는 어떻게 될까.

하지만 이제부터는 전쟁이 날까 두려워 떨지 않기로 했다. 어차피 전쟁이 일어난다면 살아남기 어려울 것이다. 일어나지도 않은 전쟁을 두려워한다는 건 정말 창피한 일이다. 전쟁이 발발해도 나로서는 어찌할 수 없는 일이 아닌가. 차라리 전쟁을 걱정하지 말고 지금의 평화를 유지하기 위해 노력해야겠다. 생활 속에서 분쟁보다는 대화로 타협하고 서로 이해하고 사랑하면서 산다면 전쟁을 예방하는 데 도움이 될 것이기 때문이다.

자 녀 가
나쁜 길로 빠질까
걱 정 될 때

한국 사람처럼 자식을 끔찍하게 사랑하는 민족은 드물 것이다. 예로부터 부모들은 자식에게 모든 것을 주고도 더 주지 못해 안타까워했다. 시대가 많이 바뀌었다고는 하지만 자식을 사랑하는 부모의 마음은 변하지 않은 것 같다. 특히 요즘처럼 시국이 어수선한 시대에는 자녀들이 나쁜 길로 빠지면 어쩌나 걱정하는 부모들이 많다. 학교 폭력이나 문란한 성생활을 하는 일부 청소년들의 비행이 심심찮게 보도되고 있기 때문일 것이다.

자녀를 사랑하는가. 나 역시도 그렇다. 부모 된 입장에서 자녀란 나의 분신이며 제2의 나다. 어떻게 하면 좋은 것을 먹이고 입히고 가르치고 키울지 온통 관심이 자녀에게 쏠린 것이 부모들이다. 나는 지금도 생선 가시를 발라준다. 아들은 곧 고등학생이 되지만 엄마가 발라주는 굴비 살을 맛있게 먹는 효자다.

아들을 키우든 딸을 키우든 자식은 언제나 걱정덩어리다. 혹시나 나쁜 친구 사귀어서 잘못된 길에 들어설까 노심초사한다. 그러나 지나친 사랑은 언제나 부작용을 유발함을 기억하자.

자녀에 대한 지나친 기대와 사랑은 자칫 자녀에게 큰 부담감을 지울 수 있다. 아빠가 보는 앞에서 성적을 비관하며 투신한 아들의 사연이 오늘 아침 뉴스에 나왔다. 평상시에 얼마나 성적에 대한 압박감을 주었으면 아들은 그런 선택을 하고 말았을까. 부모도 분명히 아들을 사랑했을 것이다. 공부 잘해서 좋은 학교 가고, 좋은 직장 다니고, 결혼해서 행복하게 살기를 바랐을 것이다. 그러나 사랑하는 법이 잘못되었던 것이 아닐까. 지나치게 아이에게 무언가를 바라지 말자. 자녀도 한 인격체고 그만의 세상이 있다.

자식을 사랑한다면 자유를 주자. 자녀가 나쁜 길로 빠질까 걱정된다면 옭아매고 가두려고 하지 말고 자신이 스스로 옳고 그름을 판별할 수 있는 기회를 주자. 그것이 산교육이다. 나는 성적 때문에 아이를 혼낸 일이 단 한 번도 없다. 아이가 20점을 맞았다고 말해도 50점을 맞았다고 말해도 늘 웃으면서 이렇게 말해준다.

"우리 아들 잘했다. 앞으로는 더 잘할 것 같아."

그러면 아이는 아무런 부담감 없이 책가방을 던져두고 친구들과 축구를 하러 나가곤 했다. 그런 교육법이 효과가 있었던 걸까. 얼마 전 아들은 수학점수가 90점을 넘었다. 공부를 하라고 소리치지 않았는데 알아서 공부에 취미를 붙이게 된 것이다. 나쁜 길로 빠질까 걱정하고 엄격하게 대하면 자녀들은 더 반항할 것이다. 차라리 그들에게 자유를 허락하자. 자유와 방종을 구분할 수 있을 만큼 우리의 아이들은 이미 성숙하다.

"사랑하는 아들, 딸아! 난 너를 볼 때마다 눈물이 난다. 너는 정말로 예쁘고 사랑스럽기 때문이란다. 그런데 언젠가부터 네가 나쁜 길로 빠질까 봐 걱정을 했단다. 그래서 너에게 더 가혹하게 굴었던 것 같다. 성적표를 보고 널 야단치던 일, 미안하다. 귀가시간이 10분만 늦어도 화내고 소리치던 일, 미안하다.

이제부터는 너를 믿고 걱정을 하지 않기로 했어. 넌 나의 자식이잖아. 나를 닮은 너. 엄마가 너를 믿어주지 않으면 누가 널 믿어주겠니? 엄마는 네가 나쁜 길로 빠지지 않을 것을 믿어. 너는 사리분별을 잘하고 예의 바르며 인생에 대한 나름의 가치관을 지닌 존귀한 사람이니까."

패가망신의 지름길이 무엇일까. 그것은 바로 도박이 아닐까 싶다. 도박의 폐해는 술이나 담배처럼 모두 익히 알고 있다. 경마나 화투, 포커 등의 도박에 실로 많은 사람이 목숨을 걸고 있다. 담배가 해로운 걸 뻔히 알면서도 니코틴 중독으로 끊기가 힘들 듯이 도박도 결코 이로운 행동이 아니라는 것을 알면서도 멈출 수가 없는 것이 문제다. 특히 가족 중의 한 사람이 도박에 빠져든다면 그것은 한 개인의 문제가 아니라 가족 전체의 문제가 된다.

우리는 드라마에서 이런 장면을 아주 자주 보았다. 술에 취한 남편이 불량한 모습으로 안방으로 거칠게 들어온다. 아내가 놀라서 뒤로 주춤 물러선다. 남편이 독이 잔뜩 오른 목소리로 소리친다.

"집문서랑 통장 다 가져와!"

“없어요.”

아내가 겁에 질린 목소리로 말한다. 이어지는 구타 그리고 와장창 유리창 깨지는 소리와 비명소리. 이런 잔혹한 장면을 연출하는 숨은 범인이 바로 도박이다. 남편은 화투를 치다가 도박자금이 떨어져서 집문서와 통장을 가지러 온 것이다. 집도 팔아먹고 통장에 있는 돈도 다 쓰고 빈털터리가 되어서도 도박의 유혹을 떨쳐내지 못하고 급기야 빚을 내는 도박꾼들.

그대의 남편이나 아내가 지금 도박의 늪에 빠져 있는가. 그래서 걱정인가. 날마다 놀음을 하느라 집안일은 거들떠도 보지 않는 아내나 도박장에서 살다시피 하는 백수 남편과 함께 사는 일은 고역이 아닐 수 없다. 웬만한 인내심과 경제적 능력이 없다면 도박을 하는 사람의 뒷감당을 하기는 어려운 일이다. 도박 중독자는 알코올 중독자 못지않게 위험한 상태다. 일단 집 안에 귀금속을 놓지 말고 비상금이나 통장도 숨겨라. 그리고 도박을 하지 말 것을 완곡하게 설득하라.

만일 끝까지 도박을 하겠다고 하면서 그대를 괴롭히고 집안 살림을 거덜 낸다면 그와 헤어져라. 도박하는 사람과 살면서 애끓이면 화병에 걸린다. 도박하는 사람에게 돈을 빌려준다는 것은 밑 빠진 독에 물을 붓는 것처럼 어리석은 일이다. 절대로 돈을 주지 마라. 그대의 인생을 도박에 중독된 사람의 뒷감당을 하는데 전부 허비하고 싶지 않다면 헤어지든지 전문병원에 입원시켜야 할 것이다. 노력하지 않고 쉽게 살려는 한탕주의에 젖어 있는 도박중독자를 자신의 인생에 허용해서는 안 된다. 그는 그대의 인생까지도 파멸시킬 사람이다.

남편이 점점 미쳐간다. 도박에 미쳐서 자식도 부인도 몰라보는 남편. 며칠 전에는 나 몰래 결혼 패물까지 가지고 사라졌다. 나는 날마다 일하고, 남편은 날마다 도박으로 탕진하고 살아왔다. 여러 번 도박을 멈추라고 설득도 해봤지만 소용이 없었다. 그럴 때마다 내게 돌아오는 건 주먹과 발길질이 전부였다.

이제부터는 걱정하고 속 끓이지 않을 작정이다. 남편의 도박 중독은 도저히 감당할 수 없다. 그에게 이미 가족은 없다. 이혼소송을 해서 아이들과 평화롭게 살 것이다. 수십 년간 도박 중독 남편과 사느라 고생한 나에게 이젠 자유를 줄 예정이다.

군 입 대 가
걱 정 될 때

43

　대한민국에서 남자로 태어났다면 반드시 가야하는 곳, 다녀오면 탄탄한 근육과 약간 그을린 구릿빛 피부, 진짜 남자가 되는 곳이 군대다. 병역을 면제 받으려고 멀쩡한 뼈를 부러뜨리고, 정신에 이상이 있다고 거짓 서류를 작성하는 사람들도 있고 온갖 편법들이 동원된다. 그렇지만 그런 사람들보다 군 입대를 해서 성실하게 군복무를 하는 사람이 더 많은 것이 사실이다. 군대 가기 전의 심정은 복잡할 것이다. 2년이란 시간 동안 사회와 격리된다는 것은 쉽지 않은 일이기 때문이다.

　군대 갈 일이 걱정되는가. 부모님의 그늘 아래서 벗어나서 낯선 군 생활을 해야 한다는 건 젊은 그대에게 고민거리가 될 것이다. 여자 친구와의 관계도 걱정일 것이다. 군대 간 동안 고무신 바꿔 신은 여자들 이야기를 들으면 여자 친구와도 영영 이별을 해야 할 것 같다. 엄마, 아빠, 친구들. 그 모든 것들과 작별을 하고 떠나는 심정은 마치 유배지로 향하는 죄인처럼 슬플 것이다. 하지만 그렇게 비관적으로만 생각할 일도 아니지 않을까. 군대란 곳은 의외로 좋은 면도 있다.

내가 20대 때 군대에 간 친구를 면회 간 적이 있었다. 그 친구는 어느 섬에서 복무하고 있었는데 아직도 그 섬의 수려한 풍광이 잊히지 않는다. 마치 영화에서나 볼 법한 멋진 섬에서 친구는 씩씩하게 잘 지내고 있었다. 사회에 있을 때는 소심했던 친구였는데 못 본 사이에 많이 남자다워졌고 친화력도 늘어 있었다. 그곳에 있는 다른 장병들도 걱정이나 근심 따위는 없어 보였다. 모두들 건강하게 병영생활을 하는 것 같았다. 그들도 처음에 군 입대 하기 전에는 수많은 생각을 했을 것이다. '과연 내가 그곳에서 잘 버틸 수 있을까?' 하는 걱정을 했을 것이다.

'그곳에서 잘 버틸 수 있을까?'가 아니라 '군 입대는 내게 좋은 기회다. 그곳에 가면 즐겁게 지내야겠다'라고 생각을 바꾸자. 그러면 군대는 죽을 만큼 힘들어도 참아야만 하는 지옥이 되지는 않을 것이다. 군 입대를 앞두고 마치 사형수가 마지막 밤을 보내듯 친구들과 거나한 술 파티를 하곤 한다. 영영 죽으러 가는 사람처럼 말이다. 그런 의식조차도 즐겁게 하자. 인생의 한 획을 긋는 것이 군 입대다. 그곳에서는 많은 생각을 할 수 있다. 훈련을 하면서, 보초를 서면서, 군 생활을 생각을 키우는 시간으로 활용해도 좋지 않겠는가.

나는 대한민국의 신체 건강한 남자다. 현역 입대를 하게 되었다. 사실 남몰래 걱정이 많았다. 과연 내가 군 생활을 잘 이겨낼 수 있을까 하는 고민이었다. 하지만 지금부터는 걱정을 안 할 것이다. 왜냐하면 군 입대를 한다는 건 지극히 건강하다는 반증이며 내 삶의 뿌리가 되는 조국을 지키러 가는 것이기 때문이다. 내가 사는 조국, 나를 있게 해준 대한민국을 사랑한다. 즐거운 마음으로 입대할 것이다. 사회와는 또 다른 군대라는 세계에서 많은 것을 배우고 경험하면서 한층 더 성숙된 내가 되어 돌아올 것이다.

이번 걱정은 주부들이 많이 하는 걱정일 것이다. 요즘은 주부도 그냥 노는 사람은 별로 없다. 어떤 것을 하든지 자기 나름대로의 일을 하고 있는 경우가 대부분이다. 직장을 다니든 혹은 집안에서 부업을 하든 아니면, 자기계발 혹은 봉사활동을 하든 매우 바쁘게 살고 있는 것이다. 이렇게 모두들 바쁘게 사는 세상에서 집에 손님이 온다는 것은 큰 스트레스가 될 수 있는 상황이다. 회사 동료들이나 가족이나 친구들 등 모든 손님은 일단 걱정을 한 보따리 선사한다. 도대체 그들에게 무엇을 내놓아야 한단 말인가. 집안이 이 모양인데 와서 흉을 보지 않으려나. 이런저런 걱정이 드는 건 당연한 일이다.

집에 손님이 오기로 되어 있는가. 친구 한두 명도 감당하기 힘든데 이번 손님은 대규모 혹은 아주 중요한 사람이 오기로 되어 있는가. 그래서 아직 집에 오려면 멀었는데 벌써부터 걱정이 시작되었을지도 모른다. 손님들이 오기로 한 것이 확실한가. 다시 되돌릴 수 없는 일인가. 그렇다면 어차피 올 사람들이다. 그들을 '손님'이라고 규정하는 것부터 정정해보자. 손님이라는 말은 아무리 좋게 생각해도 불편하다. 어딘가 모르게 격식을 갖추어야 할 것 같고, 조금이라도 흠이 잡혔다가는 망신을 당할 것 같기도 하다. 이런 기분을 '손님'이라는 말이 대신 해주는 것이다.

그럼 도대체 손님을 뭐라고 불러야 할까. 분명히 이번 손님은 그대와 가까운 사람이거나 그대의 삶에 지대한 영향을 끼치는 인물일 것이다. 만일 그렇지 않다면 그대는 아까운 시간을 걱정으로 보내지 않을 것이기 때문이다. 그럼 그들을 이렇게 불러보자.

'내가 사랑하는 사람들'

자, 이렇게 하니까 '손님'이라고 부를 때보다 훨씬 편안하지 않은가. 내가 사랑하는 사람들이니까 지나치게 경직된 자세로 맞이하지 않아도 된다. 그들은 내가 사랑하는 사람들이 아닌가. 손님이라고 생각하고 대하면 어딘가 부자연스러울 수 있다. 자신의 본모습을 숨기기에 급급할 우려도 높다. 그러나 내가 사랑하는 사람들에게는 그럴 필요는 없을 것이다. 있는 그대로의 내가 가진 솜씨로 마련한 음식을 대접하면 되니까 말이다.

손님의 입장에서도 억지로 환영해준다거나, 부담되는 거창한 음식을 마련한다거나 하면 오히려 불편할 것이다. 집주인이 내가 사랑하는 사람들이라고 생각하고 접대해주면 더 편안할 수밖에 없다. 손님이 온다고 해서 꼭 눈이 번쩍 뜨이는 값비싼 음식을 차려야만 하는 것은 아니다. 그러니 돈이 없다고 손님이 올 것을 걱정하지 말자. 자신의 형편껏 대접해주면 된다. 너무 걱정하지 말고 진심을 담아서 그들을 맞이하라. '당신은 바로 내가 사랑하는 사람'이라고 생각하고 대한다면 손님도 감동하지 않을 수 없을 것이다.

나는 음식 솜씨가 없다. 그런데 얼마 후에 손님들이 오기로 되어 있어서 걱정이 많았다. 그러나 지금부터는 걱정을 모두 버리기로 한다. 내가 그들을 '손님'이라고 보면 한없이 어렵고 부담스러운 존재지만, 그들을 '사랑하는 사람'이라고 여기면 허물없는 관계가 될 수 있다. 비록 음식 솜씨는 서툴지만 나름대로 최선을 다해 요리를 할 것이다. 비록 대규모 저택은 아니지만 우리 집만의 아름다움과 개성을 보여줄 것이다.

45

"나는 노래를 못해서 걱정이야."

내 친구가 자주 하던 말이다. 실제로 친구는 심각한 음치였다. 왜 그렇게 노래를 못 부르는지 이해가 가질 않을 정도였다. 나름대로는 열심히 부르는데 음정과 박자가 엉망이어서 듣는 사람 입장이 난처했다. 음악시간에 그 친구가 나가서 노래를 부르면 모두들 웃기 바빴다. 돌이켜 생각해보니 친구는 그 당시에 많은 상처를 받았을 것 같다. 단지 음치라는 이유 때문에 말이다.

노래를 못 부르는 것, 별것 아닌 걱정 같지만 당사자 입장에서는 큰 걱정거리다. 우리나라처럼 흥과 노래를 좋아하는 민족이 드물지 않은가. 회식 자리에서나 동창회 자리에서 노래 한 곡 못 부르는 사람이 없을 정도니 말이다. 그런데 음치인 사람에게는 그런 자리가 고역이다. 평소에는 말쑥하고 언변도 뛰어난 사람이 노래방에서 부른 노래 한 곡 때문에 평가 절하되어 버린다면 얼마나 억울하겠는가. 그래서 노래를 못 부르는 사람은 어떻게 하면 음치를 탈출할 수 있는지 걱정하는 것이다.

음치도 선천적 음치와 후천적 음치가 있다. 선천적 음치는 태어날 때부터 음정과 박자를 잘 구분하지 못하는 사람이고, 후천적 음치는 노래를 불렀을 때의 안 좋은 기억으로 인해서 음치가 되어버린 사람이다.

음치도 병이다. 이 병은 다행히도 고칠 수 있는 병이다. 음치를 교정할 수 있는 방법으로 가장 좋은 것은 음을 정확히 익히는 것이다. 피아노 건반을 직접 두드리면서 도, 레, 미, 파, 솔, 라, 시, 도를 익히는 것이다. 그렇게 계속 반복하다보면 음에 대한 정확한 개념이 생기게 된다. 또 노래를 잘 부르고 싶다면 많은 노래를 들어야 한다.

그리고 무엇보다 중요한 건 자신이 음치라는 사실을 부끄러워하지 말아야 한다는 것이다. 음치가 죄인가. 음치가 무슨 혐오스런 병인가. 노래방에 가면 구석자리부터 찾아서 앉았다면 다음부터는 정중앙 앞부분에 앉아서 가장 먼저 마이크를 잡아라. 음치를 굳이 교정하지 않아도 된다. 그것 역시도 개성이기 때문이다. 요즘은 개성 있는 사람이 사랑받는다. 연예인들만 보아도 획일화된 성형미녀보다는 개성적인 마스크가 더 신선하고 대중에게 어필한다. 자, 두려워하지 말자. 음이 좀 틀리면 어떻고 박자를 몇 개 놓치면 어떠한가. 자신만의 개성으로 노래를 부르자. 그런 그대가 진정 음악을 즐길 줄 아는 사람이다.

내가 노래를 하면 친구들은 키득거리면서 웃기 바빴다. 그럴 때마다 나는 얼굴이 홍당무가 되어서 서둘러 자리에 와서 앉았다. 나는 음치다. 지금은 어엿한 성인이 되었지만 지금도 음치다. 얼마 있으면 회식자리가 있을 예정이어서 걱정이었다. 노래를 못 불러서 웃음거리가 되지 않을까 걱정한 것이다.

그러나 지금부터는 걱정 따위는 하지 않겠다. 움츠러들지 않고 오히려 적극적인 자세로 노래를 불러야겠다. 음정이 틀려도, 박자를 놓쳐도 자신감에 넘친 모습으로 노래를 부르는 내가 될 것이다. 음치로 태어난 것이 죄는 아니다. 이것 역시 내 인생의 소중한 자산이다. 나는 단점을 장점으로 승화시키는 사람이 될 것이다.

삶의 목표가 없어서 걱정될 때

옆 마을에 청년 2명이 살고 있다. 한 명은 가난한 청년이고 한 명은 부유한 집 큰 아들이다. 가난한 청년은 단칸방에서 노모를 모시고 사는데 그의 목표의식은 옆 마을에 사는 나도 다 알 수 있을 정도다. 그는 가수가 되는 것이 목표다. 그의 노랫소리는 새벽녘이면 옆 마을까지도 울려 퍼진다. 야호, 하는 메아리 소리보다 그의 노랫소리가 먼저 아침을 깨운다. 그는 상냥하고 붙임성 있는 인사로 사람들을 반긴다. 그가 하는 구멍가게는 단골손님들의 쉼터가 되고 있다. 그의 노모는 치매에 걸렸지만 그의 지극한 보살핌으로 오늘도 행복해 보인다.

반면에 부유한 집 아들은 도대체 뭘 하는 사람인지 의심스럽다. 집은 대궐 같은 데서 살지만 그를 아는 사람은 드물다. 그는 그림자처럼 지낸다. 그는 무엇을 하고자 하는 의욕도 없다. 그는 부자인 아버지 덕분에 잘 먹고 잘 지내는 것처럼 보이지만 늘 우울한 낯빛이다. 그에겐 친구도 물론 없다. 그는 고급 외제 차를 몰고 다니지만 그는 불행해 보인다. 왜 그럴까. 목표의식이 없기 때문이다. 목표의식이란 어떤 곳을 향해 갈 것인지 구체적인 방향을 정하는 것이다. 지금 삶의 목표가 없는가.

삶의 목표가 없다면 그대는 매우 불안하고 초조할 수 있다. 목표가 없는 하루를 보낸다는 것은 지옥에서의 한 철보다 나을 것이 없다. 왜냐하면 목표란 인간을 인간이게 하는 가장 절실한 가치이기 때문이다. 밥을 먹는 것도 목표가 있는 사람에게는 행복한 일이지만, 목표가 없는 사람에게는 살기 위한 구차스 런 행위일 뿐이다. 책을 읽는 것도 목표가 있는 사람에게는 자기발전을 위한 행 동이 될 것이지만, 목표가 없는 사람에게는 시간 때우기밖에 되지 않는다. 그럼 어떻게 해야 목표를 가질 수 있을까. 삶의 목표, 잠들어가는 영혼도 깨울 수 있 는 그런 목표란 어떻게 해야 내 것으로 만들 수 있을까.

인간이 존재하는 이유가 무엇인지 아는가. 내가 아는 한 인간의 존재이유 는 개인의 행복과 모두의 행복 이 2가지 때문이다. 모두의 행복은 인류 공통 의 행복이다. 이 2가지를 실현할 때 인간은 비로소 온전한 행복이란 지대에 도 달할 것이다. 목표는 인간을 이끌어갈 선도자와 같다. 우리는 무엇을 붙잡고 걸어가야 할까. 바로 위의 2가지 가치를 가지고 걸어가야 한다. 개인의 행복과 우리 모두의 행복. 나와 나를 둘러싼 모든 것들이 행복할 수 있는 목표를 세워 라. 그것이 바로 그대의 삶의 목표가 될 때 지금까지의 모든 무기력은 물러날 것이다.

나는 오늘도 글을 쓴다. 어쩔 때는 정말 괴롭고 그만두고 싶지만, 나와 나를 둘러싼 모든 사람들이 행복하길 바라는 마음이 크기에 글쓰기에 전념할 수 있다. 목표는 자신을 이야기해준다. 어떤 목표를 가지고 사느냐를 보면 그의 전부를 엿볼 수 있다.

오늘의 나를 반성한다. 그동안 목표가 없는 삶을 살아왔다. 사실 다른 사람들이 보기에는 정상적인 생활을 하는 것처럼 보였을지도 모른다. 그러나 난 목표가 없었다. 목표의식이 없으니 삶이 재미가 없었다. 살긴 살아도 무엇을 위해 사는지 모르는 삶은 지루하고 의미가 없었다.

그러나 지금 이 순간부터 난 명확한 목표를 가지기로 했다. 그것은 나를 다시 일으켜 세워줄 최고의 활력소가 될 것이다. 나를 행복하게 해주는 목표, 내 곁에 있는 사람들을 행복하게 해주는 목표, 이 세상 모든 사람이 미소 지으면서 기뻐할 수 있는 목표가 바로 나의 목표가 될 것이다. 밥을 먹어도 난 내 목표를 위해 먹을 것이고, 숨을 쉬는 것도 나의 목표를 위해 쉴 것이다. 목표가 나를 대표할 명함이 되게 만들 것이다.

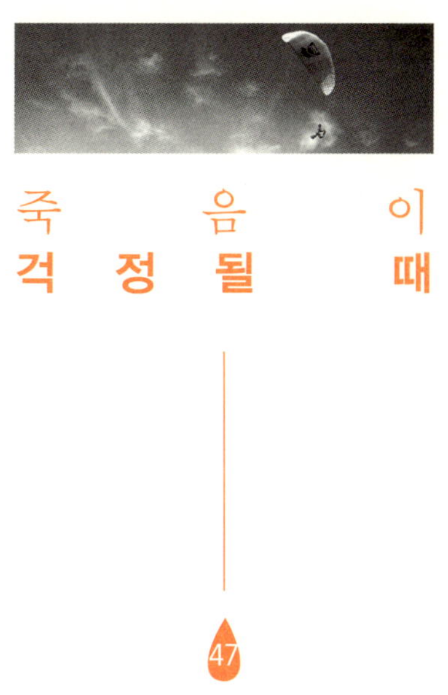

죽 음 이
걱 정 될 때

47

인간을 절망에 빠뜨리는 고통의 본질은 죽음이다. 이 걱정만큼 사람들의 내면에 깊숙이 오랫동안 자리 잡고 있는 걱정도 없을 것이다. 죽음만큼 인생에서 충격적인 사건은 없다. 사랑하는 사람이 죽었을 때, 우리는 인생에서 가장 큰 비극을 맛본다. 자식을 잃은 아버지가 그 충격을 이기지 못해 술을 너무 많이 마셔서 급성 간경화로 세상을 떠난 이야기는 이미 익숙하다. 사랑하는 아내를 잃고 그 뒤를 따라간 남편도 있고, 사랑하는 자식을 잃고 기억을 잃어버린 엄마도 있다. 그렇게 죽음은 언제나 우리의 주변에서 서성거리고 있다.

그러나 막상 자신이 죽음을 앞둔 사실을 알게 될 때 그 충격과 파장은 상상을 초월한다. 죽는다는 것이 인간의 숙명이란 것을 모르는 것이 아닌데 왜 이렇게 받아들이기가 힘든 것일까. 그것은 바로 사랑하는 사람과 영원히 이별해야 한다는 인정하기 싫은 사실을 받아들여야 하기 때문이다. 그리고 또한 자기 자신과도 영원히 작별해야 한다는 슬픔도 포함되어 있다. 인간은 이기적인 동물이다. 가장 사랑하는 사람은 바로 자기 자신일 수밖에 없다. 그런 자신과의 이별 역시도 죽음을 거부하게 만드는 원인인 것이다.

거부한다고 오지 않을 것이 죽음이라면 얼마나 좋겠는가. 어떤 이는 죽는다는 사실도 인식하지 못한 채 죽어간다. 갑작스런 사고로 세상을 떠나는 많은 이들은 미처 죽음을 준비할 시간도 없다. 거기에 비하면 자신의 죽음을 미리 알고 있다는 건 어쩌면 고마운 일인지도 모른다. 긍정의 관점에서 해석한다면 그렇다. 인생을 정리할 시간을 확보한 셈이니 말이다. 그러니 오늘 시한부 인생을 선고받았더라도 슬퍼하지 말자. 그런 선고를 받는 것도 감사한 일이다. 가난한 아프리카의 어린이들은 자신이 에이즈에 걸려 죽는다는 사실도 모르고 죽어간다. 죽는다는 것을 모르고 죽어가는 것은 참 서글픈 일이다.

죽음을 걱정하지 말자. 우린 어차피 죽는다. 지금도 죽음을 향해 가고 있다. 죽음을 비관적인 관점에서만 보면 죽음은 회피해야 할 무서운 것이 되고 만다. 하지만 죽음을 재탄생의 관점에서 해석해보면 우리는 죽음으로써 다시 태어날 수 있게 된다.

인간은 죽어서도 산다. 어떻게 사는가. 하늘의 구름이 되어서, 들녘의 풀잎이 되어서, 봄날 흩날리는 꽃잎이 되어서 다시 살아간다. 얼마나 아름다운가. 나는 죽으면 새가 되고 싶기도 하고 바람이 되고 싶기도 하다. 자유로운 존재가 되어 우주를 만끽하고 싶다. 그대는 무엇이 되고 싶은가. 죽는다고 서러워할 것이 아니라 죽음 후에 얼마나 멋진 세계가 날 반겨줄지 가슴 설레어보는 건 어떨까. 그렇게 하면 죽음을 두려워할 이유가 없어질 것이다.

짧지 않은 인생을 살아오면서 그동안 수많은 일들을 겪었다. 때로는 누군가로부터 상처를 받고, 때로는 본의 아니게 누군가에게 상처를 주기도 하였다. 이제 나는 죽음을 앞두고 있다. 얼마 있으면 나는 이 세상에서 사라지게 된다. 그래서 걱정했고 두려워서 벌벌 떨었다. 비겁하게도 말이다.

그러나 이제 죽음을 두려워하지 않는다. 내게 남겨진 시간 동안 마음만큼 많이 사랑해주지 못한 사람들에게 조금이나마 사랑을 나누어 주려고 한다. 그리고 나 자신에게도 따뜻한 위로를 해주고 싶다. 순탄치 않은 인생을 살아오느라 참 수고했다고 내 뺨을 어루만져주고 싶다. 그렇다. 죽음은 비극이 아니다. 우리가 반드시 겪어내야 할 성장통이다. 죽고나면 우리는 새롭게 태어날 것이다. 그러니 너무 슬퍼하지 않기로 한다. 나는 기쁘게 죽을 것이다. 죽음 역시 소중한 인생의 일부분이기 때문이다.

PART 4

돈 걱정 버리기

don't worry be haPPy

우리나라의 자살률이 세계적으로 상위권에 속한다는 건 서글픈 일이다. 수많은 자살자들 중에는 자신이 투자한 돈을 하루아침에 날린 사람들이 꽤 많다.

이익을 보기 위해 투자를 했는데 이익은 고사하고 투자한 돈까지 몽땅 잃었을 때 사람들은 큰 상심을 한다. 그리고 걱정에 사로잡히게 된다. 돈을 잃었을 때 고통은 직접 상처를 입었을 때 고통에 못지않을 만큼 심각한 통증을 수반한다. 그만큼 커다란 충격으로 다가온다는 것이다.

그런데 생각을 달리하면 다른 반응을 할 수도 있다. 다른 반응이란 투자란 무엇인가에 대해 다시 한 번 생각해보는 것이다. 투자란 이익을 보기 위해 하는 행위이기도 하고 그에 반해 손실을 감수하겠다는 마음가짐이 반영된 일이기도 하다. 어떤 것에 투자한다는 것은 투자한 돈을 잃을 수 있다는 가정을 받아들인다는 의미가 아니겠는가. 그러므로 현실에서 투자한 돈이 하나도 남지 않고 손해를 보는 일이 벌어진다고 해도 놀라서는 안 된다. 그것은 이미 예정된 일이었다. 자신이 그런 일이 벌어져도 좋다는 무언의 동조를 했기 때문이다.

나는 청소년 시절에 친구와 함께 인형 뽑기를 하곤 했다. 100원씩 넣고 하는 그 게임은 재미가 꽤 있었다. 그러나 대부분은 꽝이었다. 인형을 뽑기는 고사하고 있는 돈 몇 백 원을 모두 써버리곤 했다. 그래도 후회는 하지 않았다. 그 시간은 내게 인형을 뽑는 즐거운 시간이었기 때문이다. 친구도 마찬가지였다. 단 한 번도 인형을 뽑지 못했다고 화를 내거나 우울해하지는 않았다. 가끔은 몇 천 원을 썼지만 인형 한 개도 못 건졌으면서도 우리는 웃으면서 그 자리를 떠났다. 우리는 어렸지만 투자라는 것이 위험을 감수하는 모험이라는 것을 알고 있었다.

투자해서 손실을 보았는가. 걱정하지 말고 마음을 추스려라. 걱정한다고 해서 손해가 회복되지 않는다. 오히려 걱정으로 그대 자신의 건강만 악화될 뿐이다. 투자란 본래 손실을 감수한 모험이 아닌가. 손실이란 투자의 일부분이라는 것을 담담하게 받아들이게 될 것이다.

마음을 담대하게 먹고 다시 일어설 준비를 하라. 투자한 것을 후회하거나 투자금에 대해 미련을 갖지 말고 잊어라. 남은 것이 빈 몸뿐이더라도 무엇이 두렵겠는가. 투자할 때의 두둑한 배짱과 자신에 대한 확고한 믿음이 아직도 있다면 무일푼이더라도 다시 일어설 수 있다.

나는 최근에 투자를 해서 전 재산을 거의 날려버렸다. 주위에서는 그런 나를 비웃고 손가락질했다. 아무도 빈털터리가 되어버린 나를 가까이 하려 하지 않는 상황이다. 그래서 난 어떻게 살아야 할까 고민하며 걱정에 사로잡혔다. 하지만 지금부터는 걱정하지 않기로 결심했다. 투자라는 것은 본래 손실을 감수한 행위다.

나는 나의 선택을 후회하지 않는다. 그리고 내 자신을 믿는다. 나는 다시 일어서서 손실을 충분히 메우고도 남을 돈을 벌 수 있는 사람이다. 그러므로 이 시간부터는 걱정 대신 무엇을 해야 내가 성공할 것인가를 깊이 생각할 것이다.

사람의 심리는 참 묘하다. 돈을 빌려갈 때와 돈을 빌려간 후의 태도를 보면 과연 같은 사람인가 하는 의문이 들 정도이기 때문이다. 돈을 빌려갈 때는 간도 쓸개도 다 빼줄 것처럼 갖은 아양과 친한 척을 하던 사람이 돈을 빌려간 후에는 찬바람이 쌩쌩 분다. 혹시라도 먼저 돈을 갚으라고 말이라도 했다가는 싸움이 날 것만 같다. 그래서 돈 빌려준 사람은 나중에야 후회한다. 먼저 달라고 할 수도 없고 그렇다고 하염없이 기다리고만 있자니 답답하다. 이럴 줄 알았으면 돈을 빌려주지 말 걸 그랬다고 후회해 봐도 이미 늦은 일이다.

아무리 친한 사이라도 금전거래는 하지 말아야 한다는 건 한편으로 보면 옳은 말인 것 같다. 친한 사이일수록 하지 않는 게 서로의 관계를 지켜주는 것이 아닐까 싶다. 왜냐하면 나를 포함한 많은 사람들이 누군가에게 돈을 빌려주고 받지 못하는 경우가 많기 때문이다. 돈을 받지 못할 뿐만 아니라 돈을 빌려간 사람과의 사이마저 서먹서먹해지는 경우도 많다. 그래서 사람도 잃고 돈도 잃게 되는 것이다.

빌려준 돈을 받지 못해 걱정되는가. 그 돈이 없으면 정작 본인이 돈을 빌려서 생활해야 할 처지라면 돈을 빌려가고 갚지 않은 사람이 원망스러울 것이다. 그 사람만 생각하면 치가 떨릴 수도 있고 억울하다는 생각이 들 수도 있다. 어떻게 번 돈인데 파렴치하게 갚지 않고 슬슬 피하기만 하는 그 사람이 예뻐 보일 리가 없다. 그런 경우라면 걱정하지 마라. 그대의 걱정을 해결할 방법이 있다.

우선 돈을 빌려간 사람의 재무 상태를 파악하라. 그가 가진 재산이 얼마나 되는지 그가 빌려간 돈을 갚을 여력이 있는지 알아보라. 그리고 자신이 빌려준 돈을 어떤 일이 있어도 받고 싶은지, 아니면 안 받아도 그만인지 스스로 질문해보라.

만일 어떤 일이 생겨도 받고 싶다면 정당한 수단을 동원해 받아낼 수 있다. 그러려면 돈을 빌려줄 때 반드시 차용증을 쓰는 습관을 들여야 할 것이다. 돈을 빌려준 것을 입증할 소명자료가 있다면 대여금 반환소송을 하면 된다. 무작정 걱정만 하지 말고 행동하라. 돈을 빌려준 사람을 원망하고 있다고 해서 그가 돈을 갚지 않는다. 받을 수 없다면 포기하고, 받을 수 있다면 받아내기 위해 노력하면 될 것이다.

몇 년 전 내 입장에서는 꽤 큰돈을 친구에게 빌려주었다. 그런데 괘씸하게도 그 녀석이 나를 슬슬 피하기만 하고 돈을 갚지 않는다. 나는 그 돈을 빌려준 대가로 경제적으로 매우 힘들었다. 그래서 돈을 갚지 않는 친구를 원망하고 걱정하느라 살이 쏙 빠졌다.

하지만 지금부터는 그런 걱정을 하지 않기로 한다. 다행히 친구에게 돈을 빌려줄 때 작성한 차용증이 있다. 그것으로 대여금 반환소송을 하면 받을 수 있기 때문이다. 만일 받지 못하는 경우가 생겨도 걱정하지 않을 것이다. 그것은 내 인생의 값진 교훈을 얻기 위한 수업료라고 생각하면 되기 때문이다.

물가 오르는 것이 걱정될 때

싱싱한 야채와 과일이 즐비한 진열대 앞에서 장바구니를 든 아주머니가 인터뷰를 한다.

"작년에는 만 원을 가지고 나오면 이 장바구니에 가득 물건을 살 수 있었는데, 이제 절반도 채울 수 없네요."

장바구니 안에는 무 반쪽과 몇 가지 물건이 보인다. 이 장면은 물가가 올라서 울상인 서민들의 마음을 울린다. 그것을 보면서 공감하지 않는 사람이 없을 정도다.

"왜 이렇게 물가가 오르는 걸까?"

"요즘 사는 게 팍팍하다."

이런 탄식 역시 참으로 많은 이들이 하는 말이다.

만일 그대가 물가가 오르는 것을 걱정하고 있다면 그것은 지극히 정상적인 일이다. 그런 걱정은 우리 모두가 하는 걱정이기도 하다. 들어오는 돈은 한정되어 있는데 나가야 할 돈이 늘어나기 때문이다. 그래서 물가가 더 오르지 않을까 걱정되는 건 많은 주부들의 걱정거리인 것이다.

수입과 지출이 똑같다면 아무것도 모을 수 없다는 건 자명한 일이다. 우리는 수입은 늘리고 지출을 줄이는 생활을 해야 한다. 물가가 오를 것이 걱정된다면 지출을 줄이고 수입은 더 늘릴 수 있는 방법을 강구해야 하지 않겠는가. 무작정 걱정만 하고 있다고 해서 오를 물가가 오르지 않는 것도 아니고 수입이 자동으로 늘어나는 것도 아니다. 물가가 오르고 경기가 좋지 않을수록 삶의 지혜를 발휘하면서 살아야 하는 것이다.

지출을 할 때는 자신에게 꼭 필요한 것인지 세 번 이상은 생각해보자. 그렇게 여러 번 고심하다보면 대부분 꼭 필요한 물건이 아니었음을 깨닫게 된다.

그리고 어떻게 하면 수입을 늘릴 수 있는지 곰곰이 생각해보는 것이다. 사람에게는 여러 가지의 재능이 있다. 자신의 숨겨진 재능을 살려서 의외의 소득을 올릴 수도 있음을 기억하자. 내가 아는 어떤 사람은 낮에는 평범한 직장인이지만, 밤이 되면 도로 위를 누비고 다니는 대리운전기사 일을 하면서 수입을 늘린 사람도 있다. 그대에게도 자신의 직업 이외 일을 할 수 있는 능력이 있다. 그것을 발견해서 도전하면 제아무리 물가가 많이 올라도 걱정하지 않게 될 것이다.

물가가 너무 올라서 머리가 아플 정도로 고민을 했다. 하지만 내가 고민 한다고 해서 문제가 해결되지는 않았다. 이제부터는 무의미한 걱정을 하지 않을 것이다. 대신 물가가 올라도 더 풍요롭게 살 수 있게 노력할 것이다. 수입과 지출을 점검하고, 지나친 지출을 삼가고 꼭 필요한 일에만 돈을 쓸 것이다. 그리고 지금 가지고 있는 직업 이외 직업에도 도전해서 수입을 대폭 늘릴 것이다. 수입은 늘어나고 지출은 줄어들 것이니 앞으로 물가가 제아무리 많이 오른다고 해도 난 걱정이 없다.

51

여기저기서 비명소리가 들린다. 자영업자들은 폐업 위기에 몰려 있고 수출은 부진을 면치 못하고 있다. 게다가 중동의 정세 불안으로 유가 역시 불안정하다. 내가 사는 곳은 작은 소읍이지만 벌써 몇 군데의 가게가 문을 닫고 있다. 불과 얼마 전까지도 손님이 많아 보이던 곳에 어느 날 '점포정리'라는 문구가 나붙어 있는 걸 보았다.

사업을 시작하는 사람은 청운의 꿈을 안고 모든 걸 건다. 그런데 어쩔 수 없는 상황에 이르러 장사를 포기하게 된다면 얼마나 슬프고 괴롭겠는가. 가게가 적자지만 차마 문을 못 닫는 자영업자의 심정은 피눈물을 흘리는 심정일 것이다. 그래서 사업이 망하지 않을까 걱정하고 근심할 수밖에 없는 처지가 된다.

혼자 하는 사업이 어디 있겠는가. 모두들 한 집안의 가장이고 직원들을 거느린 사장님이기 때문에 그 책임감이 더욱 무겁게 느껴진다. 그렇다면 사업이 심각한 위기에 처했을 때 어떻게 해야 할까.

이 걱정에 대한 해법은 내 지인의 경우를 들어보면 좋을 것 같다. 그는 시내에서 잘나가는 식당을 운영하는 사람이었다. 하지만 어느 날부터 적자가 시작되었고 손님은 뜸해졌다. 처음 그도 다른 사람처럼 걱정하고 근심하면서 자신의 처지를 비관했다.

하지만 그는 가게 문을 닫는 대신 새로운 메뉴를 개발해내는 데 총력을 기울였다. 곁에서 보기에도 눈물겨운 노력이었다. 한 가지 음식을 수천 번은 넘게 만들었던 것이다. 전국을 돌아다니면서 그 음식에 어울릴 재료를 발굴하는 것은 기본이었다. 그렇게 노력한 그의 가게는 불과 1년도 안 되어 전국에서 가장 유명한 맛집으로 거듭나게 되었다. 1년에 100억 이상을 버는 사업가가 된 것이다.

그가 사업이 망할까 봐 움츠러들고 골방에서 술에 취해 허송세월을 보냈다면 지금의 영광을 누릴 수 있었을까. 운명은 자신이 만들어간다. 세계적인 치킨 프랜차이즈 KFC 할아버지로 유명한 커넬 샌더스도 성공하기까지 100번 이상 실패를 했다고 한다. 이제 끝났다가 아니라 더 크게 성공할 것이라는 생각으로 사업을 하라. 그러면 그대의 사업은 그대의 바람대로 성공하게 될 것이다.

내 인생을 걸고 시작한 사업이 요즘 고전을 면치 못하고 있다. 그래서 나는 혹시라도 사업이 망하지 않을까 걱정이 되기 시작했다. 예상대로 점점 적자는 늘어나고 회사는 부도 위기에 직면했다. 하지만 이제부터라도 그런 걱정으로 세월을 낭비하지 않을 것이다. 대신 어떻게 하면 이 위기를 헤쳐 나갈 수 있을까 고심하고, 새롭고 창의적인 아이디어로 사업을 다시 살릴 것이다.

내 사업은 내가 살릴 것이다. 죽지 않는 한 내 사업도 망하지 않을 것을 확신한다. 노력하고 열정을 바치면 내가 하는 일이 성공할 것을 믿는다.

52

　최근 무려 20여 개 이상의 저축은행이 문을 닫게 되면서 사회적인 물의를 일으키고 있다. 노후자금을 못 돌려받게 된 고객, 김밥장사를 하면서 모은 돈을 못 받게 된 고객, 전 재산을 거의 다 저금해놨는데 받지 못하게 된 고객들의 원성이 하늘을 찌르고 있다. 이 세상에 완벽한 것은 없다. 은행도 인간이 만들고 운영하는 기관인지라 언제 어떻게 될지 알 수 없다. 그러므로 은행이 파산하는 일은 더 이상 남의 일이 아닌 것이다.

　그대가 거래하는 은행이 이번에 파산하게 되어서 걱정인가. 남들 외식할 때 외식 한 번 못하고, 남들 여행 갈 때 여행 한 번 못 가보고 알뜰하게 모은 돈을 저금해놨더니 어느 날 갑자기 은행이 파산을 했는가. 이처럼 억울한 일이 또 어디 있겠는가. 장밋빛 미래를 기대하지도 않았고 그냥 평범하게 노후를 보내고 싶었던 그대다. 이런 소박한 바람마저 무참하게 짓밟은 은행 고위층들의 비리가 서민들을 울린다.

앞으로 살 일이 걱정되는가. 무엇을 하고 어떻게 살아야 할지 막막한가. 통장에 있던 전 재산이 하루아침에 날아가 버린다면 누구나 실의에 빠지게 될 것이다. 하지만 걱정한다고 해서 날아가 버린 재산이 다시 되돌아올 수는 없지 않은가.

그럼 어떻게 해야 할까. 은행이 파산해서 아무것도 가진 것이 없는 지금의 그대는 무엇을 해야 한단 말인가. 우선 파산으로 인해 손해 본 돈에 대한 미련을 버려라. 물론 쉽지 않다. 그래도 그렇게 해야 한다. 미련을 가지면 가질수록 고통스러울 뿐이다.

어차피 벌어진 일이다. 은행은 파산했고 그대의 돈을 되찾을 수 없다. 이것은 돌이킬 수 없는 일이다. 그러므로 이 사실을 받아들여야 한다. 이것은 비겁한 타협이 아니다. 오히려 용기 있는 인정이다. 그리고 다시 초심으로 돌아가라. 아무것도 가진 것 없던 시절에 가졌던 인생에 대한 도전의식을 다시 되찾아야 한다. 빈 몸으로 시작했어도 그대는 많은 것을 이루지 않았는가. 다시 빈 몸이 된다고 해서 무엇이 두렵겠는가. 다시 시작하는 것이다. 돈을 잃었다고 우리의 인생이 마침표를 찍는 것은 아니다. 일어서겠다는 의지만 있다면 어떤 시련도 이겨낼 수 있는 것이 인간이다.

하늘이 무너지는 일이 벌어졌다. 전 재산을 예치해놓았던 은행이 파산을 한 것이다. 한동안 물 한 모금도 넘기지 못했다. 그 돈이 없다면 나는 거지나 마찬가지다. 어떻게 번 돈인데 억울해서 잠도 오지 않았고 앞으로 살 일이 걱정이었다.

그럼에도 불구하고 이젠 괜찮다. 걱정하지 않는다. 어차피 벌어진 일이다. 이 일을 받아들일 것이다. 그리고 초심으로 돌아가서 다시 시작할 것이다. 인생은 도전의 연속이고 그러한 도전이야말로 인생의 묘미가 아니겠는가. 오늘의 시련이 내일의 성공을 위한 발판이 될 수 있음을 믿는다.

몇 년 전에 황당한 경험을 한 적이 있다. 어느 날, 어떤 사람이 집을 찾아왔다. 자신은 학교에서 지정한 업체에서 일한다고 하면서 우리 아이의 이름을 말하는 것이었다. 그래서 나는 의심 없이 문을 열어주었고 그녀는 열심히 자신의 책을 내게 설명해주었다. 나는 그 사람 말에 혹해서 계약을 했다. 그런데 나중에 교재를 받아보니 엉성하고 수준도 기대 이하였다. 실망한 회사에 전화를 걸어 해약을 하려고 하자 위약금 수십 만 원을 물라고 했다. 자세히 살펴보지 못한 계약서에 그런 내용이 있었다. 억울했지만 나는 몇 년 동안 계속 엉터리 교재를 보는 것보다 낫다는 생각으로 위약금을 물고 해약했다.

이런 교재 사기를 당하는 사람이 꽤 많다고 들었다. 나뿐만 아니라 수많은 엄마들이 엉터리 교재를 사고 후회하는 경우가 있다. 어디 책뿐이겠는가. 이 세상에는 사기꾼이 넘친다. 은퇴하고 노년을 어떻게 보낼 것인가 걱정하는 퇴직자들을 속여서 퇴직금 전부를 빼앗아가는 사기꾼, 사랑을 전제로 수차례 돈을 빌려가서 갚지 않는 사기꾼, 친구를 속이는 사기꾼, 생전 처음 보는 사람을 속이는 사기꾼 등. 사기꾼들은 마치 독버섯처럼 여기저기에 도사리면서 기회를 엿보고 있다.

지금 사기를 당해서 걱정인가. 믿었던 사람에게 배신을 당한 기분이 어떤 것인지 안다. 사기를 당했다는 것은 누군가를 믿었는데 그가 믿음을 저버리는 일이 아닌가. 사기를 당하면 살기가 싫어질 만큼 우울해진다. 사람에 대한 신뢰가 사라지게 되기 때문이다. 그리고 자신에 대한 원망도 생긴다. 바보같이 사기나 당했다고 자신을 끝없이 질책하고 괴로워한다. 그렇지만 사기를 당한 것은 그대 탓이 아니다. 그대는 순수했고 사람을 잘 믿은 죄밖에는 없다. 자신에 대한 질책은 멈춰라.

무엇을 잃었는가? 사람에 대한 신뢰? 가지고 있던 돈 혹은 전 재산? 이런 것들을 잃게 만든 사기꾼을 원망하는가? 맞다. 그 사람은 정말 나쁜 사람이고 처벌받아야 할 사람이다. 그러나 거기까지만 하자. 더 이상 괴로워하지 마라. 사기로 잃은 것이 무엇이든 되찾을 수 없다면 잊어라. 그러면 마음이 비로소 편안해질 것이다. 가까운 여행도 좋고, 명상도 좋다. 사기를 친 사람도 용서하고, 사기로 인해서 잃어버린 것도 더 이상 연연해하지 않게 되면 비로소 평정을 되찾고 삶이 안정될 것이다. 그래야 다시 일어설 수 있는 것이다. 잊지 말자. 사기당했다고 해서 절망하지 말 것. 잃어버린 것에 연연하지 말 것!

맙소사, 사기를 당하다니. 나름대로 배울 만큼 배우고 알 만큼 안다고 자부했던 내가 사기를 당했다. 뼈 빠지게 모아둔 전 재산이나 다름없는 돈을 잃었다. 그래서 걱정하고 고민했다.

그러나 이제는 걱정 따위는 하지 않을 것이다. 누구나 살면서 실수를 한다. 나는 그런 실수를 한 것뿐이다. 앞으로는 어떤 일을 결정할 때 신중에 신중을 기할 것이다. 사기로 인해 잃어버린 것도 분명 많지만 얻은 것도 분명 있다. 나는 잃은 것을 슬퍼하기보다는 그것으로 인해 얻은 것을 더 감사할 것이다. 나를 속인 그 사람도 용서하겠다. 어차피 인생은 빈 몸으로 왔다가 가는 것, 그도 어차피 아무것도 가진 것 없이 떠날 인간에 불과함을 알기에.

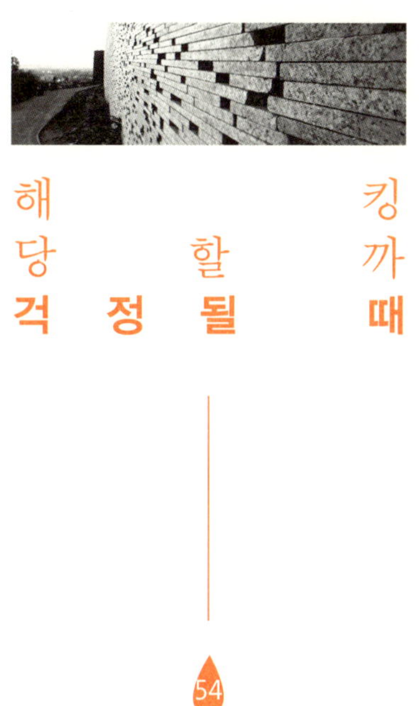

해킹 당할까 걱정될 때

54

조선시대만 해도 상상조차 할 수 없었던 아니, 20세기 초에도 가히 예상하지 못했던 초고속 정보화시대다. 요즘 사람들은 인터넷으로 거의 모든 정보를 습득한다. 심지어 사전도 인터넷을 이용해서 검색한다. 예전에 대접받던 두꺼운 국어사전이나 영어사전이 이젠 무용지물이 되어버린 것이다. 컴퓨터와 스마트폰 등의 기기는 우리를 정보의 홍수 속에 빠트리고 있다. 빛이 있으면 어둠이 있듯이 정보화시대 역시 순기능만 있는 것이 아니다. 역기능이 있는데, 바로 개인정보유출이 아닐까 싶다.

얼마 전 모 포털에서 수백만 명의 개인정보가 유출되어 논란이 되었다. 뿐만 아니라 각종 해킹으로 유수한 사이트마저 홈페이지가 마비되어버렸다. 선거 기간 중에 어느 당의 홈페이지가 마비된 초유의 사태도 해킹에 의한 것이다. 해킹을 당하면 모든 정보가 고스란히 해커에게 빠져나가게 된다. 자신의 컴퓨터에 있는 모든 정보가 낯선 자에게 노출된다는 것은 알몸을 찍히는 것만큼 끔찍한 일이 아니겠는가.

해킹당할까 걱정되는가. 이 걱정은 한 개인의 걱정만이 아니다. 초고속 정보화시대의 수혜자들이라면 누구나 한 번쯤 해볼 수 있는 걱정이다. 나도 그런 걱정을 하는 사람이다. 그렇다면 어떻게 해야 할까. 먼저 자신의 가장 중요한 정보는 컴퓨터에 남기지 않는 것이 중요하다. 그대의 비밀을 모두 컴퓨터에 드러내놓지 마라. 지극히 사적인 글이나 영상은 모두가 보는 곳에 되도록 올리지 않는 것이 좋다. 자신도 모르는 사이에 나의 사생활을 엿보는 사람들이 꽤 있다는 사실을 잊지 말자.

해킹당할까 걱정되어서 인터넷을 끊고 살 수는 없다. 이것은 도둑이 들까 걱정된다고 해서 집 없이 길거리에서 살 수 없는 것이나 마찬가지다. 보호받고 싶은 것은 사전에 자신이 보호하는 것이 현명한 방법이다. 해킹을 당하지 않기 위한 최선의 방법은 비밀번호를 자주 변경하고 컴퓨터의 보완을 철저하게 하는 것이다. 그리고 해킹을 당한다고 해도 손실을 입지 않도록 소중한 정보는 되도록 컴퓨터에 보관하지 말고, 어쩔 수 없이 보관한다면 여러 사이트에 분산 보관해 그 자료가 자신의 것임을 증명할 수 있어야 할 것이다.

걱정 날리기

얼마 전 있었던 선거 날, 나는 투표소 위치를 알기 위해 어느 정당의 홈페이지를 방문했다. 그런데 해킹을 당해 열리지 않는 것이었다. 이렇게 유명한 사이트도 해커에게는 쉬운 먹잇감이었다니 그날 이후로 나는 내 컴퓨터가 해킹당하지 않을까 걱정했다.

이제는 그런 걱정을 하지 않을 것이다. 집에 도둑이 들까 걱정된다고 집을 떠나 사는 사람은 없다. 나 역시도 내 컴퓨터에 해커가 침입할까 걱정된다고 해서 인터넷을 하지 않고 살 수는 없다. 해킹이 걱정된다면 해킹당하면 안 될 자료를 잘 지키면 될 것이다. 비밀번호를 수시로 변경하고, 핵심정보는 은행의 개인창고 같은 곳이나 나만의 비밀장소에 은밀하게 보관하면 된다.

가 게 에 손 님 이 없 어 걱 정 될 때

55

가게를 여는 사람의 심정은 다 비슷할 것이다. 날마다 손님들이 넘치는 활력 있는 가게가 될 것을 생각하면서 가게를 오픈한다. 거의 전 재산을 투자해서 가게를 여는 사람도 적지 않다. 그런데 똑같은 장소에서 장사를 하는데 사장이 어떤 사람이냐에 따라서 손님이 많이 오기도 하고, 종일 파리만 날리기도 한다. 이상하지 않은가. 왜 똑같은 장소에서 똑같은 것을 팔아도 누가 파느냐에 따라서 가게의 매출이 달라지는 걸까.

요즘처럼 불경기, 불황이란 말을 많이 듣는 시절도 없을 듯하다. 수입이 줄어드니 사람들은 되도록 외식을 삼가고 생필품도 아껴 쓰면서 소비를 자제한다. 그럼에도 불구하고 손님이 많은 집은 늘 손님으로 가게 안이 시끌벅적하다. 장사가 안돼는 가게를 다른 사람이 인수받아 운영하는 것을 보았다. 그런데 그

전에는 텅 비다시피 했던 가게 안이 새로운 주인을 만나자 손님들이 줄을 서서 기다려야 하는 유명한 가게가 되었다. 단지 운영자가 바뀌었을 뿐인데 말이다.

왜 그럴까. 그대의 가게에 손님이 오지 않아 걱정이라면 곰곰이 생각해보자. 왜 어떤 가게는 손님들이 줄을 서서라도 물건을 구입하려 하고, 어떤 가게는 그저 준다고 해도 손님들이 쳐다보지도 않는 것인지 말이다. 우리는 사람의 심리를 잘 분석해볼 필요가 있다. 인간은 어떤 사람에게 끌리는가. 이 말은 인간은 어떤 가게에 끌리는가와 직결되는 의문이다. 내가 볼 때 사람은 자신을 인정해주고 존중해주는 사람에게 끌린다. 그렇다. 가게 역시 마찬가지다. 손님을 인정해주고 존중해주는 가게에 손님들은 몰리게 되어 있다.

지금 가게에 손님이 별로 오지 않아서 걱정인가. 그럼 이제부터 이렇게 해보는 건 어떤가. 손님의 입장에서 가게를 들려보는 것이다. '내가 손님이라면 어떤 대우를 받고 싶은가? 어떤 서비스를 받고 싶은가?'

이런 질문을 하는 것은 매우 적절하다. 그리고 다른 가게와 차별화를 해야 한다. 자신의 가게만의 장점, 특징을 살려서 실내 인테리어를 하고 서비스를 한다면 분명히 손님들의 이목을 끌 수 있다. 일단 가게에 들어온 손님은 단골로 만들어야 한다. 그것을 가능하게 하는 것은 인간적으로 손님을 상대하는 것이다. 그저 물건을 팔아줄 영업의 대상이 아니라, 어딘가 아프고 어딘가 외롭고 어딘가 기대고 싶어 하는 사랑받아 마땅한 존재임을 인정하고 그에게 따뜻한 미소로 다가서는 것이다.

700억 밥재벌 백종원 씨는 이렇게 말했다.

"음식점은 음식으로 승부를 하는 게 아니다. 사람을 상대하는 것에서 시작된다. 맛만큼 서비스도 중요하다."

얼마 전에 라면가게를 오픈했다. 최소한 우리 가족이 먹고살 돈을 벌 수 있으리라 기대했다. 그런데 왜 그런지 손님들이 영 들지 않았다. '왜 그럴까?' 하고 걱정하느라 흰머리가 생길 지경이었다.

하지만 지금 이 시간부터는 그런 걱정을 하지 않을 것이다. 왜냐하면 나는 철저히 손님의 입장에 서서 생각해 보았기 때문이다. 라면 한 그릇으로 허기를 채우려던 손님은 라면 한 그릇의 열량이 필요했던 것이 아니다. 그는 지금 굉장히 힘들고 외롭다. 내가 그에게 파는 라면은 라면 이상의 것이 녹아있어야 한다. 그것이 무엇인지 이제 알았다. 그것은 인간에 대한 진심과 배려였다.

주가가 폭락해서 걱정될 때

주식투자를 잘못해서 패가망신하는 사람이 한둘이 아니다. 방송에서 주식투자하는 법을 강의하던 사람마저도 주가가 폭락하는 바람에 큰 손실을 입고 자살을 하기도 한다. 전문가라도 성공을 장담하기 힘든 것이 주식투자다. 그렇다면 일반인들에게는 얼마나 난해한 일이겠는가. 요즘 들어 롤러코스터 같은 주식시장이 화제다. 주가가 상승과 폭락을 연일 되풀이하고 있다. 상승을 하는 것 같다가도 어느 순간 큰 폭으로 하락하고 마는 것이 요즘 증권시장이다.

주식투자로 빚만 남기고 간다는 유서를 남편에게 쓰고 떠난 50대 주부에서부터 30대 직장인, 40대 가장, 20대 대학생 등 수없이 많은 사람들이 주가가 폭락하는 바람에 목숨을 버리거나 삶을 포기해버리고 있다.

지금 주가가 폭락해서 걱정인가. 친구와 가족에게 돈까지 빌려서 투자했는데 모두 잃고 말 상황인가. 그렇다면 이 어려운 상황을 어떻게 극복해야 할까. 주가가 폭락하고 있다면 더 이상의 미련은 버리고 매도해야 한다. 더 붙잡고 있다가는 더 큰 손해만 안을 뿐이다. 지금 당장 주식을 팔아라. 그리고 당분간 주식투자를 하지 말기 바란다.

생각해보자. 주식이란 무엇인가. 그것은 손실을 감수한 투자다. 10만 원어치 주식을 산다면 10만 원을 잃을 수 있다는 데 동의한 것이나 마찬가지다. 그런데 왜 사람들은 자신이 산 주식이 폭락하면 목숨까지 끊는 것일까. 그 이유는 주식투자란 것의 본질을 꿰뚫어보지 않고 오직 주가가 상승하면 얻게 될 이익에 대해서만 생각하고 있기 때문이다. 현명한 투자가는 투자하는 돈이 모두 사라지게 된다고 해도 당황하거나 놀라지 않는다. 투자란 손실을 안고 가는 자발적 모험이기 때문이다.

그러므로 주가가 폭락한다고 해서 머리를 싸매고 고민하거나 한숨을 쉬거나 한강 다리 위에서 뛰어내릴까를 고민할 필요가 없다. 자신이 선택한 투자가 아닌가. 자신이 승인한 투자가 아닌가. 그렇다면 어떤 결과가 오더라도 수긍하자. 주식투자뿐만 아니라 다른 모든 투자가 그렇다.

우리는 자신이 어떤 것을 하고자 하였다는 사실을 깜박 잊는 경우가 있다. 어떤 투자를 하든지 결정은 본인의 손으로 한 것을 잊지 말자. 그러면 잃게 되는 모든 재물에 대한 미련을 떨칠 수 있을 것이다. 결국은 자신이 선택한 종목이 폭락한 것이다. 누구를 원망할 것도 없다. 그대 자신을 사랑한다면 주가가 폭락하더라도 초연하게 웃을 수 있을 것이다.

요즘 주식시장이 그야말로 불황이다. 내가 구입한 주식이 휴지조각이 되어버렸다. 그래서 난 실제로 자살을 결심하기도 했다. 죽어버리면 이 모든 고통으로부터 벗어날 수 있지 않을까 하는 생각에서였다.

그러나 이제 난 그런 생각을 하지 않는다. 왜냐하면 주식투자의 책임자는 나라는 사실을 자각했기 때문이다. 손실을 입든 이익을 얻든 주식을 산 사람은 바로 나이므로 결과를 책임지겠다. 만일 내가 주가가 폭등해서 막대한 이익을 얻었어도 이렇게 괴로워했을까. 이익만을 받아들이는 자세는 옳지 않다. 나는 손실조차도 겸허히 수용하는 인생을 살 것이다.

가 난 이
걱 정 될 때

57

나는 다른 사람들이 불행한 모습을 보면 가슴이 아프다. 그리고 행복한 사람들보다는 가난하고 소외된 이웃의 모습이 더 잘 눈에 들어온다. 언젠가 친척의 결혼식이 있어서 대도시에 간 적이 있었는데 창밖으로 보인 풍경 하나가 내 마음에 와서 박혔다. 그것은 트럭을 개조한 집이었다. 공원의 가장자리쯤에 주차된 그 차에서 어떤 사람이 흐트러진 모습으로 나와 이불을 터는 모습이 보였다. 이불을 턴다는 건 집에서 하는 일상의 모습이 아닌가. 그 여인은 어떤 사연으로 트럭에서 이불을 털게 되었을까.

가난하다는 것, 참 많이 불편한 일이다. 가난하면 모든 게 제약을 받는다. 하다못해 대중교통을 이용하는 것도 돈이 없으면 불가능한 일이다. 우리는 종종 그런 이야기를 듣는다. 버스비를 아끼기 위해 몇 정거장을 걸어서 다녔다는.

하지만 가난하다고 그 사람의 모든 것이 가난한 것은 아니다. 그의 영혼이, 그의 정신이, 그의 사상이 모두 빈곤의 나락으로 떨어진다는 것을 의미하지 않는다. 그런데 많은 이들이 '가난'이라고 하면 인생 전체의 몰락을 떠올린다. 이것은 가난에 대한 오해가 아닐까.

지금 가난해질까 봐 걱정되는가. 그래서 걱정되고 힘든가. 그대의 걱정은 충분히 가치 있는 걱정이다. 가난해질 것을 걱정하는 것은 유익한 걱정이라고 할 수 있다. 다만 걱정에서 그치는 것이 아니라 가난을 극복할 수 있는 방도를 찾을 때 유익한 걱정이 된다는 것을 명심하자.

부자는 생각부터 다르다. 보통 사람이 100만 원을 벌면 50만 원을 사용하고 50만 원을 저축하는데, 부자는 100만 원을 벌면 50만 원을 투자하는데 쓴다고 한다. 소비적이 아니라 건설적으로 돈을 사용하는 것이다. 마인드를 다시 세팅하라.

집에 돈이 없다면 밖에서 돈을 들여오면 된다. 아주 간단한 일이지 않은가. 돈이란 순환하는 것이다. 순환하지 않는 돈은 돈으로서의 가치를 상실한 것이다. 가난이란 돈의 흐름이 막힌 것을 의미한다. 돈을 순환시키는 힘은 인간에게서 나온다. 결론적으로 가난을 유발하는 돈의 정체 현상 역시 우리 각자가 해결할 수 있다는 말이다. 그러니 걱정은 그만해도 좋다. 이제 걱정으로부터 벗어나서 어떤 일을 하면 돈을 벌 수 있는지 생각해볼 시간이다. 그리고 적극적으로 행동할 때다. 가난을 두려워 말자. 가난은 인생의 가장 훌륭한 스승이다. 그것으로 많은 이들이 새로운 가치관을 얻고 도전과 희망이라는 말을 가슴에 품었다.

경매로 있던 집마저도 날리고 길거리에 나앉게 생겼다. 거리에서 보았던 노숙자 신세가 될 지경이다. 나는 오래전부터 가난해질 것을 걱정했다. 그랬더니 최근에는 온몸에 힘이 빠지고 살고 싶은 의욕조차 잃어버리게 되는 것이 아닌가. 그리고 정말 찢어지게 가난해지고 있는 중이다. 이제부터는 가난해질 것을 걱정하지 않으려고 한다. 가난이란 다시 부자가 될 수 있는 가능성의 단어이다. 가난을 원망하는 것으로 얻을 수 있는 건 질병과 자괴감뿐이다.

나는 건강하고 무엇이든 할 수 있는 사람이다. 다시 세상에 도전해서 가난이 아닌 부유함의 상징이 될 것이다. 나는 충분히 할 수 있다.

인간관계에서 가장 주의해야 할 점은 무엇일까. 여러 가지 주의사항 중에 금전거래를 주목해볼 필요가 있다. 친한 친구 사이에는 별별 부탁을 하기 마련이다. 조그만 심부름에서부터 약간 부담되는 일까지 우리는 친하기 때문에 들어준다. 그런데 곤혹스러운 순간도 있다. 바로 적지 않은 돈을 빌려달라고 할 때다. 친구인데 안 빌려준다고 딱 거절하기도 그렇고 한두 푼도 아닌데 선뜻 빌려준다고 할 수도 없어서 걱정이다.

예전에 지인으로부터 들은 이야기다. 은행원 시절에 친한 직장후배가 1000만 원을 빌려달라고 해서 빌려주었는데 그 이후로 소식이 뚝 끊겼다는 것이다. 지인은 지금 어렵게 생활하고 있다. 그 돈을 빌려주지 않고 가지고 있었더라면 꽤 큰돈이 되었을 것이다. 그녀는 사람도 잃고 돈도 잃었다면서 개탄했다.

나도 그런 경우가 있다. 내 입장에서는 한 달 생활비나 다름없는 돈인데 급하다고 해서 빌려주었다. 그런데 1년이 다 되어 가는데 상대방은 갚을 생각을 안 한다. 괜히 돈 이야기라도 하면 관계가 험악해질 분위기다. 그래서 차마 달라고 하지 못한다.

혹시 지금 친구가 돈을 빌려달라고 해서 걱정하고 있는가. 자, 명심하자. 친구 간의 금전거래는 이 원칙을 지키자. 돈의 액수에 상관없이 그 돈을 빌려주고 받지 않아도 된다면 빌려주는 것이다. 그리고 먼저 돈을 갚으라고 말하지 않을 자신이 있을 때 빌려주어라. 그렇지 않고 반드시 되돌려 받아야만 한다고 생각한다면 처음부터 빌려주지 않는 것이 좋다. 왜냐하면 그런 마음으로 돈을 빌려주었다가는 훗날 친구가 돈을 갚지 못할 사정이 생기면 곤란하기 때문이다.

이 원칙은 친구뿐만 아니라 모든 인간관계에 적용해도 좋다. 가족 사이에도 돈거래는 골치 아픈 결과를 초래할 수 있다. 자신이 그 돈에 연연하지 않을 수 있다는 확신이 서기 전에는 돈을 빌려주어서는 안 된다.

어떤 사람들은 돈을 빌려갈 때는 천사의 얼굴을 한다. 그런데 빌려 간 후에는 태도가 달라진다. 마치 돈을 빌려준 사람이 오히려 죄인 같은 분위기가 되어버리는 것은 금전거래의 어두운 측면이다. 돈은 누구에게나 소중하다. 그렇지만 더 중요한 것은 사람이다. 친구를 진실로 사랑한다면 돈을 빌려주는 순간 그 돈에 대해 미련을 버려야 한다. 그렇게 하면 최소한 친구는 지킬 수 있기 때문이다.

며칠 전에 친한 친구가 돈을 빌려달라는 부탁을 했다. 액수가 만만치 않다. 내 몇 달치 월급이다. 어떻게 할까. 걱정이 많았다. 이제 결정했다. 나는 친구에게 돈을 빌려줄 것이다. 친구의 어머니가 큰 수술을 해야 하는데 수술비가 부족하기 때문이다. 내 돈이 친구에게는 큰 도움이 될 것이다. 빌려주는 대신 다짐을 한다.

'이 돈은 없어도 그만인 돈이다.'

이렇게 생각하니 마음이 참 편안하다. 사랑하는 친구야, 이 돈으로 네가 어려운 고비를 잘 넘겼으면 좋겠다. 이 돈의 가치보다 내겐 네가 더 소중하니까. 난 이 돈이 아깝지 않구나.

평균수명이 80세를 훌쩍 넘은 시대에 은퇴는 새로운 인생의 시작점이다. 요즘은 53세부터가 중년이라고 한다. 60대는 생각도 젊고 외모도 젊어서 할아버지, 할머니라고 부르기도 미안할 정도다. 100세 시대에 60이란 나이는 인생의 절정기라고도 말할 수 있지 않을까. 하지만 현실은 그렇지 않다. 그래서 우리는 모두 은퇴 후의 삶을 걱정한다.

은퇴할 것이 걱정된다면 어떻게 해야 할까. 이것은 20대도 걱정할 만한 일이다. 언젠가는 다니던 직장에서 나와 익숙하지 못한 것들에 도전해야 하는 것이 인생이기 때문이다. 어떤 사람은 은퇴 후에 받은 퇴직금과 그동안 모아둔 적금으로 놀면서 은퇴 후를 지내기도 한다. 그런데 그런 삶을 사는 것은 자신의 인생에 대한 실례가 아닐까 싶다. 물론 몸이 병약하다거나 그럴 만한 사정이 있다면 그럴 수도 있겠지만, 몸도 건강하고 얼마든지 다른 일을 찾아 할 수 있는 능력이 있는데 무위도식한다면 삶에 대한 예의가 아닐 것이다.

회사를 그만두고 무엇을 할까. 은퇴한다고 해서 그대의 삶이 종착점에 도착했다는 의미는 아니다. 도리어 은퇴라는 일생일대의 사건을 계기로 더욱 충만한 삶을 살 수 있다.

내가 아는 어떤 분은 은퇴 후 자신이 원래 하던 일과 전혀 다른 일에 도전하고 있다. 그는 젊은 시절 내내 평생을 교직에 몸담았던 분이다. 은퇴를 하고 한동안 실의에 빠진 채 의욕도 없이 지내다가 어느 날부터 자신이 오랫동안 꿈꾸던 삶을 살기로 결심했다. 가수가 되기로 한 것이다. 머리가 백발이 다 된 그가 가수를 하겠다고 했을 때 가족들은 달가워하지 않았다. 그러나 그는 오늘도 발성연습을 하고 하루 종일 노래를 부른다. 그리고 그는 행복해한다. 또 홍보맨에서 유기농 과실농장 사장이 되는가 하면, 기자에서 게스트하우스 주인이 된 지인도 있다.

은퇴를 앞두고 마음의 갈피를 잡지 못하고 있는가. 걱정되고 두려운가. 무엇을 하고 어떻게 여생을 살아야 할지 고민이 된다면 이렇게 해보자. 자신이 가장 하고 싶은 일에 도전하는 것이다. 그동안 가족의 생계를 위해 어쩔 수 없이 다니던 회사였다면 은퇴를 기회로 삼아 자신이 평생 소원하던 일에 도전할 수 있다. 무수한 인생 경험이 있는 그대라면 어떤 일에 도전해도 성공할 수 있을 것이다. 무엇보다 자기만족의 시간을 가질 수 있지 않겠는가. 스스로 만족하는 삶, 얼마나 행복한가.

남겨진 시간 동안 그대가 소망하는 꿈을 이룬다면 가족도 그것을 지켜보면서 기뻐할 것이다. 노년을 아름답게 보내는 방법은 마지막 순간까지 꿈을 향해 걸어가는 것이다. 은퇴는 그런 기회를 보장하는 고마운 계기가 아닐 수 없다.

곧 은퇴를 앞두고 있다. 만감이 교차한다. 결혼하고 아이를 낳고 숨 가쁘게 달려온 시간이다. 단 한 번도 내 자신을 위해 시간을 허락해보지 못했다. 아, 이제 보니 나는 은퇴를 걱정할 것이 아니었다. 은퇴라는 것은 내게 축복이다. 지금까지 미루어만 왔던 꿈을 향해 갈 수 있는 찬스가 온 것이다.

회사를 그만두더라도 나는 일을 할 것이다. 그 일은 바로 내가 그토록 하고 싶었던 일이다. 어린 시절부터 꿈꾸던 일을 하면서 나머지 생을 산다면 참 행복할 것 같다. 숨이 멈추는 순간까지 최선을 다하는 삶, 심장이 멈추는 순간까지 두근거리는 삶을 살아갈 것이다.

남 편 이
생활비를 안 줘서
걱 정 될 때

결혼이란 것의 의의를 찾아보면 이런 것이 아닐까 싶다. 외로운 사람끼리 만나서 서로의 등을 어루만져주는 것. 하지만 결혼하고 나서 더 불행하다고 생각하는 사람이 적지 않다. 특히 경제적인 어려움은 결혼생활 전체에 대한 회의를 불러온다. 아내가 집안 살림을 하고 남편이 직장생활을 하는 경우 우리는 그 아내를 전업주부라고 부른다. 만일 그대가 전업주부인데 남편이 생활비를 주지 않는다면 어떻게 할 것인가. 지금 생활비를 주지 않는 남편 때문에 걱정인가.

연애기간 동안에는 손에 물 한 방울 묻히지 않게 해주겠다던 남편이 결혼을 하고 나서 변한 경우가 많다. 결혼과 동시에 안면을 바꾸는 남편을 보면서 아내들은 배신감마저 느낀다. 잡은 물고기에는 밥을 주지 않는다더니 이 남자가 변했어, 이런 한탄을 하게 되는 것이다. 이제 연애기간 동안의 환상에서 벗어나야 할 때다. 남편이 생활비를 주지 않는다고 원망하고 있어서는 해결될 일이 아무것도 없다. 문제를 주체적으로 해결해야 한다.

결혼이나 임신과 동시에 직장을 그만둔 경우라면 공백기간이 생겨 다시 취직할 엄두도 내기 어려운 게 사실이다. 그러나 언제까지 생활비를 주지 않는 남편을 탓하면서 비참하게 살아갈 필요는 없다. 여자가 벌면 된다. 남자에게 의지해서 사는 것은 기생하는 것과 다름없다. 그대는 남편보다 더 많은 돈을 벌 능력이 있는 사람이다. 자신의 능력을 과소평가하지 말자. 잘난 여자들이 성공하는 것이 아니다. 평범한 여자들이 성공하고자 하는 의지가 강할 때 성공하는 것이다.

남편이 생활비를 주든 안 주든 자신의 일을 가지는 것은 중요하다. 인간은 일을 할 때 비로소 존재가치를 느낄 수 있기 때문이다. 존재 가치란 살아가는 이유요, 보람이 아니겠는가. 지금부터라도 늦지 않았다.

갓난아기를 키우고 있다고 포기하지 말자. 아기를 키우면서도 할 수 있는 일은 얼마든지 있다. 소녀 시절의 감수성을 되살려 글을 쓸 수도 있고, 번역을 할 수도 있으며, 아기를 어린이집에 맡기고 회사에 다닐 수도 있다.

인생은 그대를 위해 펼쳐진 축제의 한 마당이다. 그 한 마당을 제대로 즐겨야 하지 않겠는가. 남편은 돈 벌어다 주는 사람이 아니다. 그는 사랑해주고 아껴주어야 할 사람이다. 그가 돈을 준다면 고맙게 받고, 주지 않는다면 자신이 벌어서 살면 그만이다. 남자에게 무작정 의지하는 여자가 되지 말자.

나는 전업주부다. 결혼하자마자 임신을 하는 바람에 다니던 직장을 그만두고 아이 키우는 일에만 매달렸다. 그런데 요즘 들어서 남편이 생활비를 주지 않는다. 그래서 나는 머리가 지끈거릴 만큼 걱정했다. 다른 친구들은 돈 잘 버는 남편 만나서 편하게 산다고 부러워했다.

하지만 지금 이 순간부터는 그런 걱정을 하지 않을 것이다. 나는 남편을 원망하지 않겠다. 그 대신 내가 돈을 벌 것이다. 나는 할 수 있는 일이 참 많다. 능력도 있다. 아기는 어린이집이나 친정, 시댁에 맡기고 직장을 다닐 생각이다. 그것이 생활비 안 주는 남편을 원망하면서 궁핍하게 사는 것보다 더 현명한 일이라고 믿는다.

과 소 비 를   해 서
걱 정 될   때

61

　　백화점을 몇 시간 동안 순례하는 고객이 있다. 그녀는 자신이 과소비를 한다는 것을 인식하지 못한 채 이것저것 물건을 산다. 양손으로 들기에도 벅찰 만큼 물건을 사고 그제야 만족한 모습으로 집으로 향한다. 그리고 집에 가서 쇼핑백을 원망스런 눈길로 보고 후회한다.

　　"내가 미쳤나 봐. 뭘 이렇게 많이 산 거야?"

　　왜 그녀는 이런 일을 반복하는 걸까. 그녀를 보면서 부러워하는 사람도 있겠지만 정작 본인은 괴롭다. 과소비는 심각한 결과를 초래한다. 수입은 한정되어 있는데 지나친 소비를 하면 빚을 질 수밖에 없다. 그러므로 우리는 과소비를 경계해야 한다.

　　그러고 싶지 않은데 자꾸 과소비의 늪으로 빠져들어서 걱정인가. 마음은 거부하는데 어느새 몸이 백화점 앞에 도착해 있는가. 과소비란 일종의 습관이다. 우리는 기분이 꿀꿀할 때 달콤하거나 매콤한 것을 찾는다. 실제로 당분과 매운 음식은 스트레스 해소에 도움을 준다. 그리고 어떤 이는 기분이 좋지 않을 때 쇼핑을 한다. 쇼핑을 하면서 오는 흥분은 도파민과 세로토닌의 분비를 촉진시켜 일시적으로 행복감에 젖게 만든다. 그러나 그건 어디까지나 일시적인 행복일 뿐이다.

과소비, 즉 쇼핑을 절제하지 못하는 사람을 '강박적 구매자(쇼퍼홀릭)'라고 부른다. 강박적인 상태에서 물건을 사들인다는 의미다. 이것은 물질만능주의, 걱정, 스트레스와 관계가 있다. 여성은 가정에서의 소외감, 고독감, 상실감, 우울증, 자신감 결여 등 심리적으로 빈 공간을 채우고 자존심을 회복하기 위한 수단으로 쇼핑을 시작한다. 과소비가 걱정된다면 자신의 소비패턴을 바꾸어야 한다. 그렇게 하려면 먼저 생각을 바꾸지 않으면 안 된다.

문제를 해결하려면 원인을 제거하면 될 것이다. 과소비는 정신적 소외감, 우울, 고독, 외로움, 마음의 상처 등에 의해서 발생되는 것이나 마찬가지다. 과소비라는 겉으로 표출된 현상만 보지 말고, 내면을 들여다 볼 때 비로소 문제를 해결할 실마리를 찾게 되는 것이다. 쇼핑을 하고 싶은 유혹이 들면 이 질문을 구매 전 최소 다섯 번 던져보자.

'나에게 지금 꼭 필요한 물건인가?'

만일 그다지 필요한 물건이 아니라면 자신의 심리상태를 분석해봐야 한다. 아픈 마음에 쇼핑은 독일뿐이다. 그대의 마음이 아프고 괴롭다면 좋은 책을 읽고 사색하는 시간을 가져야 한다. 그래서 내면의 곪고 썩은 상처를 치유하고 신기루와 같은 과소비의 유혹을 떨쳐내야 한다.

수입보다 지출이 많은 생활을 해왔다. 나는 그동안 과소비를 해왔던 것이다. 자신을 제어할 수 없어서 걱정이었다. 돈을 펑펑 쓰다 보면 어떤 쾌감 같은 것이 느껴졌다. 그러나 그러면 그럴수록 빈곤해졌다. 그리고 앞날이 걱정되지 않을 수 없었다.

이제부터는 걱정하지 않겠다. 걱정하는 대신 나를 과소비로 이끌었던 잘못된 습관을 바로잡을 작정이다. 나는 쇼핑이 주는 일시적인 행복에 젖어 있었다. 사는 게 우울하고 슬프다고 해서 쇼핑 같은 것으로 보상받을 수 없다는 것을 안다. 앞으로는 독서로 마음을 다스려야겠다. 돈을 버는 것은 힘들지만 쓰는 것은 한순간이다. 무의미한 소비는 행복의 저해요소라는 것, 잊지 말아야겠다.

아 파 트 값 이
떨 어 져 서
걱 정 될 때

'하우스푸어'라는 말을 아는가. '집을 보유한 가난한 사람'을 뜻한다. 주택 가격이 오를 때 과도한 대출로 집을 마련했으나 금리인상과 주택가격 하락으로 인해 큰 손해를 보고 있는 사람들이다.

우리나라의 하우스푸어들은 전체 생활비의 23% 정도를 대출이자로 갚는데 사용하고 있다. 하우스푸어들이 가장 많이 소유하고 있는 것이 바로 아파트다. 단독주택보다는 아파트가 투자의 수단으로 많이 이용되었다는 반증일 것이다. 한참 부동산 투기가 기승을 부리던 시기에는 아파트를 소유하는 것만으로도 부자가 되는 것 같았다. 그러나 지금은 어떠한가.

지금은 아파트 가격이 속절없이 떨어지고 있다. 몇몇 지방을 제외한 수도권의 아파트들은 말 그대로 폭락하고 있다. 그리고 이러한 추세는 한동안 지속될

전망이다. 인구의 노령화와 저출산 여파는 주택에 대한 수요층을 줄였고 경기 침체 역시 비싼 아파트를 살 여력을 앗아갔다. 손해 보는 셈치고 싼값으로 아파트를 내놔도 잘 팔리지 않는 게 현실이다. 그래서 어쩔 수 없이 하우스푸어들은 대출이자를 꼬박꼬박 갚으면서 팔리지 않는 집을 지키고 살아가는 것이다.

아파트 가격이 떨어져서 걱정되는가. 이 걱정은 충분히 공감이 가는 걱정이다. 한 달 내내 뼈 빠지게 고생해서 번 돈의 대부분을 대출이자로 내는 하우스푸어라면 아파트 가격의 하락은 심각한 걱정거리일 것이다. 그렇다면 어떻게 해야 할까. 혹시라도 아파트 가격이 오를 수 있으니까 계속 붙들고 있어야 하는 것일까. 아니면 지금 당장 아파트를 팔아야 하는 것일까. 이 걱정에 대한 해결책은 보다 현실적인 직시를 함으로써 찾을 수 있다. 즉, 왜 아파트 가격이 폭락하고 있는가이다. 그것을 자세히 관찰해보면 이제 주거기능으로서의 아파트는 그 매력을 상실해가고 있다고 보는 것이 옳다. 먹거리도 친환경 유기농이 인기다. 사람들은 어떻게 하면 건강하게 오래 살까를 고민한다.

아파트란 어떤 곳인가. 마치 닭장과 같은 콘크리트 구조물이다. 대문을 열고 나가면 넓은 앞마당이 있는 단독주택으로 시선이 가는 것은 자연주의를 추구하는 신인류에게 어쩌면 당연한 현상이 아니겠는가. 그럼 해답은 나왔다. 아파트를 단지 투기의 목적으로 구입했다면 지금 처분하라. 아파트가 좋아서 산 사람이라면 굳이 팔 필요는 없을 것이다. 하지만 가격이 오르면 팔아서 차익을 챙겨볼 심산으로 대출을 받아 샀다면 지금 당장 처분하는 것이 옳다. 더 두고 기다릴 필요는 없다. 앞으로 인구가 증가할 가능성은 희박하고 친환경 자연주의는 더 확산될 것이기 때문이다. 더 늦기 전에 가격을 낮추어서라도 팔아버리고 대출금을 청산하는 길만이 더 큰 비극을 막는 길이다.

나는 소위 하우스푸어다. 솔직히 집값이 올라가면 차익을 얻으려고 은행에서 대출까지 받아서 아파트를 샀다. 그런데 오르기는커녕 날이 갈수록 아파트 가격이 하락을 거듭하고 있다. 스트레스 받아서 죽을 지경이다. 어쩔 때는 한강 다리에서 뛰어내리려고도 해보았다.

그러나 지금부터는 그런 걱정을 하지 않을 것이다. 나는 미련 없이 아파트를 팔 것이다. 싼 가격에 팔면 손해인 것 같아도 더 붙잡고 있는 것이 더 큰 손해라는 것을 깨달았기 때문이다. 그리고 내가 진정 좋아하는 집을 사야겠다. 어설픈 투기가 아니라 내가 살면서 가족들과 행복한 교감을 할 수 있는 자연이 품은 그런 집으로 옮겨야겠다.

63

용돈, 용돈이란 말은 왜 이렇게 가슴을 울리는 걸까. 안타깝고 아쉽고 그리운 말이 용돈이란 말 같다. 우리 집은 엄마 혼자서 나를 키우셨으므로 넉넉하게 용돈을 받을 형편이 아니었다. 가끔이나마 용돈을 타면 뛸 듯이 기뻐하면서 구멍가게에 가서 불량식품을 사 먹었던 어린 시절이 생각난다. 쫀득쫀득한 과자, 새콤달콤한 과자, 그리고 볼 일 보고 손을 잘 안 씻는 것 같던 할아버지가 구워 주시던 호떡 등. 그 시절의 군것질거리를 생각하면 지금도 미소가 절로 지어진다. 용돈은 학생에게 있어서 생명수와 같은 존재다. 넉넉히 용돈 받는 사람은 걱정 할 일이 없겠지만, 그렇지 못한 사람에게는 용돈이 떨어지면 걱정되지 않을 수 없다.

혹시 용돈이 떨어져 가는가. 그래서 걱정이 된다면 이제 그 해결책을 찾아보자. 유럽발 경제위기가 심각하다. 주식시장은 암울한 잿빛이고 경제상황은 갈수록 악화되고 있다. 엎친 데 덮친 격으로 물가는 수직상승을 하고 있는 중이다. 게다가 가뭄과 홍수 등의 자연재해까지 겹쳐서 모두가 살기 어렵다고 하소연하고 있다. 용돈에 대해 걱정한다면 그대는 학생이거나 아직은 직장이 없는 청춘일 가능성이 높다. 이런 가정하에 이야기를 해볼까 한다. 학생에게 용돈이 신과 같은 존재인 것은 부정할 수 없다. 그만큼 용돈이 주는 안도감이란 것은 대단하다. 주머니가 두둑하면 없던 배짱도 생기기 마련이다.

그런데 요즘처럼 불경기에 가정형편이 어려워지면 용돈을 원하는 만큼 못 받을 수도 있다. 그것은 부끄러운 일도 아니다. 가난은 부끄러운 것이 아니라는 것이다. 오히려 가난하고 어려운 시절이 있어 성공 가능성이 높아질 수 있다는 것을 아는가.

나는 어린 시절의 가난에 대해 감사한다. 그런 시절이 없었다면 성공에 대한 의지, 악착같은 도전의식, 끝까지 버텨내는 오기 등이 지금보다는 약했을 것이기 때문이다. 그러니 집안 사정이 어렵다고 부모님을 원망하지는 말자. 용돈을 많이 주시지 못하는 부모님이라도 이 세상에 부모님이 살아계신다는 것만으로도 얼마나 든든한 일인지 알아야 한다.

그대는 자기주도적인 사람이다. 용돈 문제도 그렇다. 부모님께 타는 것이 용돈이지만 부족하다면 스스로 벌면 된다. 요즘은 학생들도 아르바이트를 많이 한다. 편의점 아르바이트도 있고 주말에만 하는 아르바이트도 있다. 자기가 몸소 땀 흘려 일해서 돈을 벌어보면 부모님이 주시는 용돈이 더 소중하게 느껴질 것이다. 돈 버는 것이 그렇게 만만한 일은 아니기 때문이다. 아르바이트를 할 수 없는 형편이라면 주어진 용돈을 아껴 쓰면 된다. 절약과 검소함을 어린 시절부터 몸에 익혀라. 그러면 삶이 한결 쉬워진다. 돈이 아무리 많아도 근검절약의 절제를 모르면 나락으로 떨어지고 마는 것이 인간이다.

"엄마, 아빠. 죄송합니다. 철없던 저를 용서하세요. 사실은 저 엄마, 아빠를 많이 원망했습니다. 다른 친구들은 풍족하게 용돈을 가지고 다니는데 저는 그 친구들의 절반도 안 되는 용돈을 받아서 속상했습니다. 친구들이 부러웠습니다.

그런데 이제 알았습니다. 부모님께서 저를 얼마나 사랑하고 계시는지 알았습니다. 엄마, 아빠를 원망하지 않겠습니다. 사실은 얼마 전부터 아르바이트를 하고 있습니다. 제가 일을 해보니 그동안 부모님께서 제게 주신 용돈이 허투루 보이지 않았습니다. 힘겹게 버신 돈을 제게 주신 것인데 저는 그 액수가 부족하다고 원망만 하였습니다. 전 참 못된 자식입니다. 열심히 아르바이트해서 돈을 모아 부모님께 작은 선물이라도 해드리겠습니다. 감사합니다. 저를 낳아주시고 길러주신 은혜 늘 감사합니다."

어른이 되면 우리는 한 가정의 가장이 되거나 부모 또는 자신의 생계를 책임져야 하는 입장이 된다. 분식점을 차리려고 해도, 과일가게를 하려고 해도, 작은 공장을 하려고 해도 돈이 필요하다. 자본주의 사회에서 돈 없이 뭔가를 하려고 하는 것은 참 어려운 일이다. 사업을 하려고 하는데 사업자금이 100% 준비된 사람은 드물다. 거의 모든 사람이 자금이 부족한 가운데 어렵게 사업을 시작한다. 그러면 사업자금이 부족한데 구하기가 어렵다면 어떻게 해야 할까. 지금 이 시간도 수많은 사람들이 사업자금이 부족해서 골머리를 앓고 있다.

돈을 빌리는 일은 정말 어려운 일이다. 특히 요즘처럼 살기 팍팍한 시절에는 더 그렇다. 신용도가 좋은 사람이라면 제1금융권에서 돈을 빌릴 수 있겠지만, 신용도가 낮거나 재산이 없는 사람이라면 돈 구하기가 하늘에 별 따기다.

그렇다면 하고 싶은 사업을 아예 포기해야만 할까. 도저히 빌릴 수 없다면 어떻게 해야 할까? 우선 무엇인가를 급하게 이루겠다는 마음을 버리자. 이것은 인생을 사는 데 있어서 중요한 마음가짐이다. 어떤 것을 이루려면 꾸준한 노력, 끈기가 있어야 한다. 돈을 구할 수 없으면 용돈을 스스로 버는 학생의 자세로 돌아가야 한다.

부모에게 기대서 사는 어른이 많다. 서른이 넘어서도 부모에게 용돈을 받거나 사업자금을 내놓으라고 윽박지르는 자식도 있다. 그런 사람은 몸만 컸지 정신적으로는 미숙한 사람이다. 일단 대학을 졸업하면 부모에게 기대는 일은 그만두어야 한다. 사업자금도 부모에게 요구하지 마라. 부모님은 이미 할 만큼 했다. 자식을 낳아서 길러보면 아이 하나 키우는 게 얼마나 힘든지 알게 된다. 몸도 마음도 독립해야 진정한 어른이다. 어른이 되면 자신의 인생을 책임지는 삶을 살아야 한다. 사업을 시작하고 싶다면 그 전에 미리 사업자금을 넉넉하게 마련해야 한다.

쉽게 어떤 일을 이루려는 성급한 마음을 자제하고 밑바닥부터 서서히 올라가겠다는 마음을 가져라. 그렇게 하면 사업자금이 없다고 징징댈 일도 없을 것이다. 라면가게를 차리고 싶다면 라면가게에 종업원으로 취직해서 몇 년 동안 경험도 얻고 돈도 모으면 된다. 그것을 못하겠다면 사업을 아예 시작하지 않는 것이 좋다. 그런 경험은 모두 사업을 운영하는 데 값지게 활용되는 산 경험이요, 자산이다.

그리고 또 명심해야 할 것은 대출을 최대한 받지 않도록 해야 하는 것이다. 돈을 빌리면 그만큼 대가를 치러야 한다. 이자를 갚든, 연체금을 물든 이 세상에 공짜는 없다는 것 명심해야 할 것이다. 특히 사채의 덫을 조심하길 바란다.

남에게 손 벌리는 인생을 살지 말자. 사업을 하고 싶다면 스스로 사업자금을 마련하라. 그렇게 어려운 일은 아니다.

걱정 날리기

작은 사업을 하려고 하는데 자금이 부족하다. 그래서 여기저기 빌려보려고 했지만 아직 돈을 구하지 못했다. 너무 고민하고 걱정했더니 사람이 해골이 다 되어간다. 친구들이 날보고 살이 무섭게 빠졌다고 한다. 그만큼 걱정이 컸던 것이다.

이제 나는 걱정을 멈추기로 했다. 다른 사람에게 돈을 빌린다는 것은 내가 그 돈을 벌 수 없는 처지일 때나 가능하다. 나는 아직 건강하지 않은가. 사업자금을 완전히 마련할 때까지 잠시 숨을 고를 예정이다. 내가 하려는 사업과 관련된 곳에 취직해서 일을 하며 돈을 모아야겠다. 급하게 서두를 것 없다. 천천히, 내실 있게 가자. 끈기를 가지고 노력하면 언젠가는 번듯한 내 사업체를 운영하게 될 것이다. 나는 나를 믿고 묵묵하게 걸어갈 것이다.

PART 5

건강 걱정 버리기

don't worry be haPPY

사 고 당 할 까
걱 정 될 때

잊을만 하면 터지는 대형사고! 비행기 추락사고, 자동차 충돌사고, 열차 탈선사고, 가스폭발사고 등. 사고 소식만 나면 귀가 쫑긋해지는 나만큼 겁이 많은 사람도 드물 것이다. 겁이 많으니 걱정이 많아지는 건 자연스러운 현상이었다. 걱정이 많으니 삶이 행복과는 거리가 멀어지는 것 또한 지극히 자연스러운 일이었다. 정말이다. 걱정하고 살면 절대 행복해질 수 없다! 명심하자. 걱정만큼 자신을 초라하게 만드는 일도 없다는 사실을. 이제 나는 겁먹고 살던 겁쟁이의 삶으로부터 벗어났다. 그러나 아직도 가끔은 겁이 많던 시절의 버릇이 튀어나오곤 한다. 그 시절 내가 가장 두려워했던 것이 사고에 대한 것이었다.

내가 그렇게 된 원인은 무엇이었을까. 가만히 생각해보면 겁쟁이가 되어버렸던 원인을 찾아볼 수 있다. 내가 사고를 두려워했던 가장 큰 원인은 뉴스에 나온 처참한 사고소식들이었으며, 두 번째 원인은 주변에서 벌어진 사고 때문이었다. 만약 태어난 이후 한 번도 사고에 관한 소식을 접해보지 않았다면 어땠을까. 결코 사고를 당할까 두려워하지 않았을 것이다. 왜냐하면 사고에 대한 두려움을 학습하지 않았을 것이기 때문이다. 두려움은 후천적인 학습의 결과다.

사고 날 것이 두려운가. 과거의 나처럼 그대도 지금 사고가 날 가능성을 점쳐보면서 혼자 두려움에 떨고 있을 것이다. 괜찮다. 다른 사람들도 그런 행동을 하곤 한다. 대다수의 인간은 사고를 목격하거나 들으면서 자신이 그 사고의 희생양이 될 것을 걱정한다. 그것은 생존본능에 기인한 당연한 결과물이다.

만약 그대가 지금 자신이 사고를 당할까 두렵다면 그래서 걱정되고 불안하다면 과거를 반추해볼 시간이다. 교통사고가 날 것이 두렵다면 교통사고에 대한 기억이 있을 것이다. 그 기억은 사고를 당한 끔찍한 장면이나 소식들일 것이다. 그것들이 그대를 두렵게 했던 것이다. 익사사고에 대한 걱정이 든다면 그대의 과거 속에 익사사고를 목격한 일이 있거나, 관련 뉴스 혹은 소식을 전해 들었을 것이다. 그것들이 힘들게 한 것이다. 과거의 부정적인 기억, 그것으로 인해 지금 걱정에 사로잡혀 있는 것이다.

그러면 어떻게 해야 사고가 날 것을 걱정하지 않고 편안하게 살아갈 수 있단 말인가. 그 비법은 사고에 관한 부정적 기억들을 지우는 것이다. 그리고 사고가 나면 침착하게 대응할 수 있도록 평소에 마음을 담대하게 만드는 것이다. 그대의 머릿속을 가득 채우고 있는 각종 사고 장면들을 이제 지워라. 그리고 만약 사고가 난다면 아주 침착하게 그 일에 대처할 것임을 자신과 약속하라. 어떤 일이 일어날 때 허둥지둥 서두르면서 대응하는 것이 아니라 차분하고 객

관적으로 일을 관찰하고 지혜롭게 대처하는 기술을 익히는 것이다. 내면의 평정심을 늘 유지하는 것이 그 기술의 관건임을 기억하라.

나는 자주 사고가 날까 걱정했다. 이것은 일종의 중독과도 같았다. 그런 생각을 많이 하니 어디를 가나 두렵기만 했다. 버스를 타도, 지하철을 타도, 길을 걸어도 사고에 대한 걱정으로 편할 날이 없었다. 하지만 이 시간부터 사고가 날 것을 두려워하지 않을 것이다. 내가 두려워했던 것은 기억 속의 부정적 장면이었을 뿐임을 안다. 걱정했던 것들은 현실에서 거의 일어나지 않을 것이다. 하지만 혹시라도 그런 일이 벌어진다고 해도 침착하게 대응함으로써 사고를 잘 처리할 것이다. 그러므로 난 사고가 두렵지 않다.

심 각 한 병 에
걸 렸 을 까
걱 정 될 때

인간은 불안에 떠는 동물이다. 이 말에 대해 수긍한다면 왜 자신이 이렇게 걱정과 근심에 사로잡혀 있는지를 이해할 수 있게 될 것이다. 불안이 인간과 떼려야 뗄 수 없는 긴밀한 관계를 유지해온 것은 생존본능에 기인한 것이다. 살아남기 위해서 주변을 경계하는 것은 본능이다. 하지만 모든 인간이 다 불안과 걱정에 사로잡혀 살지 않는다. 그것은 참 다행스러운 일이다. 걱정과 불안도 얼마든지 의지로 잠재울 수 있다는 뜻이기 때문이다.

가끔 이런 생각을 한다. 혹시 내가 심각한 병에 걸린 것은 아닐까, 그래서 병원에 가서 종합건강검진을 받는 일도 꺼려진다. 지극히 현실적인 걱정이다. 건강을 염려하는 사람은 한두 명이 아니다. 그리고 자신의 건강에 치명적인 결함이 생기지 않았을까 하고 걱정하는 사람도 꽤 된다. 어떤 사람은 이 걱정을 가볍게 넘기고 어떤 사람은 이 걱정으로 일상적인 생활마저도 힘들어한다. 부정적인 생각이 증식을 하면 엄청난 공포가 된다. 자신이 나쁜 병에 걸리지 않았을까 하는 걱정도 마찬가지다.

특히 어딘가가 조금이라도 아프다면 이 걱정은 더욱 힘을 얻는다. '머리가 이렇게 아픈 걸 보니 뇌종양이 생긴 게 틀림없어.' '배가 아픈데 위암은 아닐까.' '기침이 잘 낫지 않네. 혹시 폐암에 걸렸나?' '요즘 들어 현기증이 자주 일어나는데 악성빈혈에 걸린 것 아닌가?' 이런 식으로 자기의 병명을 스스로 만드는 사람이 많다. 이렇게 하다보면 조금만 아파도 중병에 걸린 것처럼 느껴진다. 그리고 삶의 의욕 자체도 잃을 수 있다.

지나친 걱정은 오히려 건강한 사람도 환자로 만든다는 사실을 잊지 말자. 소화가 조금 안 된다고 해서 모두가 위암에 걸린 것은 아니다. 기침을 한다고 해서 모두 폐암환자는 아니다. 현기증이 일어난다고 해서 모두 악성빈혈에 걸린 것은 아니다. 병에 대한 걱정은 더 큰 병에 걸릴 스트레스만 양산한다.

만약 자신의 몸이 이상신호를 보낸다면 병원에 가서 정확하게 진찰받는 것이 현명한 일일 것이다. 그리고 대부분의 통증은 신경성일 가능성이 높다. 마음을 편하게 먹고 자신을 믿어주자. '나는 건강한 사람이다'라고 여기면 우리의 몸속 세포들이 즐거운 마음을 가지고 건강하게 활동할 것이다.

걱정 날리기

미안하다. 내 몸아, 나는 너를 그동안 너무 의심해왔다. 조금만 아파도 큰 병에 걸린 것은 아닐까 초조해하고 괴로워했지. 너는 아주 건강하게 잘 지내고 있는데 말이야. 오히려 그런 가당치 않은 걱정과 불안으로 건강을 악화시켰던 것 같다. 이제부터는 그런 실수를 하지 않을 거야. 앞으로는 내게 알맞은 운동을 하고, 올바른 식습관을 가지고 살아갈 거야. 그러면 제아무리 지독한 병이라도 내게 찾아오지 못할 것이니까.

우리를 이 세상에 있게 하신 부모님의 사랑을 생각하면 눈물이 나지 않을 수 없다. 그런 부모님과 평생 함께 살 수 있다면 얼마나 좋을까. 하지만 부모님은 우리가 효도할 시간을 주지 않으신다. 철이 들어서 이제 효도를 하려고 마음먹었을 때 부모님은 홀연히 이 세상을 떠나신다. 아무리 불러도 다시는 돌아오지 않는 부모님의 크신 사랑에 남은 자식들은 눈물로 후회하곤 한다.

나를 40대에 낳으시고 40년 동안 사랑해주신 어머니가 돌아가셨을 때 하늘이 무너지는 것 같았다. 나는 홀어머니 아래서 자란 막내딸이다. 어머니의 사랑은 그 무엇으로도 대체할 수 없는 것이다. 어머니가 돌아가시자 난 삶의 의미를 잃어버릴 정도였다. 어머니가 없는 이 세상을 살아갈 수 있을까 걱정되었다. 다시 내가 웃을 수 있을까? 걱정스러웠다. 돌아가신 어머니가 평안하실까 걱정되고 효도하지 못한 내가 원망스러웠다.

부모님의 부재는 감당하기 어려운 슬픔으로 몰아넣는다. 언제나 든든한 울타리가 되어줄 것만 같던 부모님께서 떠나신 후 그 누가 멀쩡할 수 있겠는가. 하지만 그렇다고 여생을 비관하면서 살아서는 안 될 것이다.

나는 어머니가 떠나신 후 몇 달이 지났다. 정신을 차리기로 했다. 그것은 어머니와 나를 위한 최선의 선택이었다. 어머니께서는 내가 조금이라도 아프면 "우리 아가, 아프면 안 된다. 어서 약 먹고 나아라" 하시면서 다 큰딸에게 약값을 쥐여 주신 분이다. 그런 어머니께서 시름시름 앓고 있는 딸을 하늘에서 내려다보시면 얼마나 가슴이 아프시겠는가.

그대, 울지 마라. 부모님은 우리가 넋을 놓고 울고 있는 걸 바라지는 않으신다. 우리가 부모님의 은혜에 보답하는 길은 부모님께서 주신 육체와 정신을 행복하게 하는 것이다. 하늘에 계신 어머니, 아버지께 효도하는 길은 자신의 인생에 최선을 다하고 행복하게 살아가는 것이 아니겠는가. 울지 말고 사랑하는 부모님 앞에서 의연하게 맹세하자. 엄마, 아빠. 이 세상에 저를 낳아주셔서 감사합니다. 이제 엄마, 아빠는 곁에 계시지 않지만 제게 주신 인생을 사랑하고 최선을 다해 살아가겠습니다. 그러니 걱정 마시고 하늘나라에서 편안히 쉬세요. 영원토록 두 분을 사랑합니다.

걱정 날리기

몇 달 전에 어머니께서 돌아가셨다. 나는 불효만 저질러온 사람이다. 떠나시고 나니 왜 이렇게 못해 드린 것만 사무치게 떠오르는지 미칠 지경이다. 그리고 어머니의 부재로 인한 삶을 감당할 수 있을지 걱정에 사로잡혔다. 다시는 웃을 수 없을 것 같았기 때문이다.

하지만 이제 그런 걱정은 없다. 어머니께 효도할 수 있는 길이 아직 있음을 알게 되었기 때문이다. 그것은 어머니의 마음을 헤아리는 것이다. 어머니께서는 내가 건강하고 행복하게 살길 바라신다. 이제 그만 눈물을 훔치고 최선을 다해 살 것이다. 그것이 하늘에 계신 어머니께서 기뻐하실 일이라는 걸 안다.

늙 는   게
걱 정 될 때

68

인간의 노화는 20대부터 시작된다. 아주 천천히 진행되는 노화현상은 결국 죽음에 이르러서야 멈추게 된다. 그래서 사람들은 늙는 것을 두려워한다. 늙는다는 것은 곧 죽음에 가까워진다는 의미이기 때문이다. 하지만 늙는 것을 걱정한다고 해서 늙지 않을 수 있는 것은 아니다. 불로초를 찾다가 죽어간 진시황을 보더라도 인간으로서 노화를 막을 수 있는 방법은 없다. 주름기능성 화장품이니, 젊음을 지켜주는 보약이니 많은 것들이 우리를 현혹시키지만 그 어떤 것도 노화를 완벽하게 차단할 수 없는 것이다.

이 사실을 모두가 안다. 그럼에도 불구하고 늙어가는 것을 걱정하는 것은 무슨 이유일까. 지금 늙는 게 걱정되는가. 언젠가는 온몸에 주름이 가득한 노인이 되는 것이 두려운가. 젊음을 잃고 쇠약한 육체가 된 자신을 떠올리는 게 고통스러운가. 괜찮다. 누구나 늙는 걸 걱정하고 두려워한다. 아무리 아닌 척해도 우리의 의식 깊은 곳에서는 슬퍼하고 염려하고 있는 자아가 있다.

우리는 과도한 성형으로 얼굴을 오히려 망친 사람들을 많이 보아왔다. 늙어가는 자신을 초라하게 여겨서 주름을 없애고 보톡스를 맞고 온갖 수술을 다 하다가 결국엔 자신의 본모습보다도 못하게 변해버린 사람들이 있다. 자신이 늙어간다는 것을 인정할 수 없고 참을 수 없는 사람들이다. 하지만 노화라는 자연스러운 일을 부정하고 있는 한 행복해질 수 없다. 늙어가는 것을 받아들이지 않고는 그의 삶이 온전할 수 없다.

인정하자. 우리는 누구나 다 늙는다. 늙는다는 것을 쇠락의 의미로만 본다면 분명히 슬픈 일이다. 하지만 늙는다는 것을 채워지고 익어간다는 의미로 본다면 기쁜 일이다. 우리는 나이가 들면서 지혜가 채워지고 정신이 익어간다. 10와 20대, 30대와 40대, 그리고 70대를 비교해보자. 나이가 들수록 사람은 연륜이 쌓이고 지혜로워질 가능성이 높다. 왜냐하면 그만큼 많은 일들을 겪고 그에 대한 생각이 깊어지기 때문이다. 늙는다는 것, 참으로 멋진 일이다. 나이가 들수록 우리는 현자에 가까워진다. 새해를 맞이할 때마다 자신을 축하하자. 늙는다는 것은 현명해진다는 것이다. 주름이 늘 때마다 그대는 더 지혜롭고 현명한 어른이 되어가는 것이다.

걱정 날리기

거울을 볼 때마다 걱정했다. 하나둘 날마다 조금씩 늘어나는 주름을 보면서 늙어가는 내 모습에 슬펐다. 그러나 앞으로는 늙어가는 것을 서러워하지 않을 것이다. 늙어간다는 건 여물어간다는 것이다. 점점 더 성숙해지고 현명해지고 있다는 것이다. 그리고 그것은 자연의 이치다. 우주의 모든 것들이 성장과 노화의 연속선상에 있다. 그러므로 나는 순리에 따라 살 것이다. 늘어나는 잔주름을 자랑스러워할 수 있도록 보다 더 삶을 아름답게 가꾸어 나가야겠다.

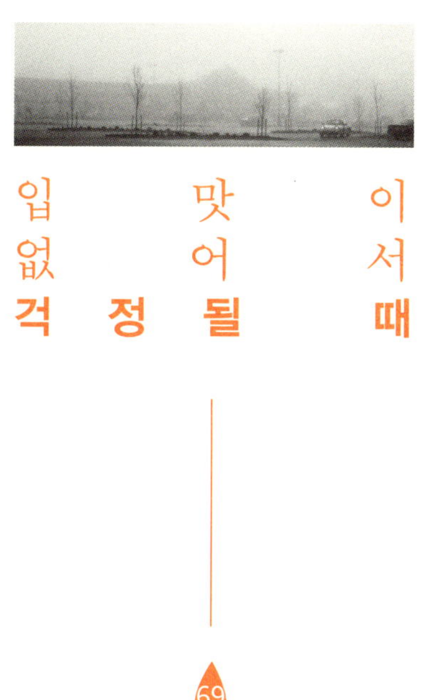

69

친구 두 명의 대화다.

"야, 오랜만이다. 그동안 잘 지냈어?"

"응, 그럭저럭. 난 요즘 통 입맛이 없어서 걱정이야."

"에구, 안 됐다. 왜 입맛이 없지? 혹시 무슨 고민 있냐?"

"고민이 바로 입맛이 없다는 거야. 뭘 먹어도 맛을 모르겠어. 도대체 무슨 맛인지, 내가 왜 이러는지 모르겠다."

이 두 사람의 대화는 익숙하다. 나조차도 이런 말을 자주 한다.

"왜 입맛이 없어진 거야?"

입맛이란 음식을 먹을 때 느끼는 맛이다. 그러나 단순히 맛을 느끼는 감각적 의미의 말은 아닐 것이다. 입맛에 사는 재미, 어떤 일에 대한 흥미 등의 의미를 내포한다.

입맛이 없다는 것은 이런 말과 비슷하다.

"난 요즘 사는 재미가 없어. 무슨 일을 해도 흥미가 느껴지지 않고 지루해."

실제로 입맛이 떨어지면 사는 재미가 감소한다. 인간은 음식물을 섭취할 때 큰 희열을 느낀다. 그런데 음식을 먹으면서 아무런 감동이나 즐거움을 느끼지 못하는 삶이라면 얼마나 무미건조할 것인가. 그래서 우리는 입맛이 없는 것을 걱정하는 것이 아니라, 사실 사는 재미를 잃게 될까 두려워하는 것이다.

요즘 입맛이 없어서 걱정인가. 그렇다면 자신의 생활을 관찰해보라. 아마 최근에 몸이 많이 아팠거나, 극심한 스트레스를 받았을 것이다. 정신적인 고통은 신체적 고통에 버금가고 그 후유증도 만만치 않다. 단지 스트레스를 받았을 뿐인데 우리는 미각을 잃는 것이다. 그렇게도 맛있던 고기반찬이 질긴 고무를 씹는 것보다 더 맛없어지고, 그렇게도 맛있던 과일이 물보다도 더 맛없게 느껴진다. 그것은 거의 모두 스트레스에서 비롯된다고 볼 수 있다. 간혹 빈혈이 있을 때나 다른 병이 있을 때도 그럴 가능성이 있다. 그렇지만 병보다는 대다수의 사람들이 입맛을 잃는 이유는 심리적 이유 때문이다.

그렇다면 입맛이 없을 때 우리는 어떻게 해야 할까. 가장 빠른 치유법은 입맛을 회복시켜줄 만한 음식을 먹는 것이라고 생각할 수 있다. 하지만 그것보다 더 빠른 치유법이 있다. 그것은 바로 삶에 대한 흥미를 되살리는 것이다. 사는 것이 재미있어 미칠 정도가 되면 돌멩이를 씹어도 맛있어진다. 세상을 긍정적으로 바라보고, 안 좋은 일이 생겨도 웃을 수 있는 여유가 있다면 입맛은 금방 회복될 것이다.

봄을 타는지 입맛이 뚝 떨어져서 걱정이 많았다. 입맛이 없으니 이상하게도 사는 게 재미없어졌다. 무엇을 해도 흥이 나지 않는 것이다. 그런데 이제 보니 입맛이 없어진 것은 단순한 미각의 문제가 아니었다. 나는 모든 문제들을 부정적인 관점에서 해석해왔던 것이다.

앞으로는 인생이 내게 어떤 문제를 주어도 부정적인 시각으로 분석하지 않을 것이다. 최대한 긍정적인 관점으로 세상을 바라볼 예정이다. 편견이나 오해, 이기심 등으로 내 인생을 망치지 않을 것이다. 그러면 자연히 입맛은 돌아올 것이라는 걸 안다.

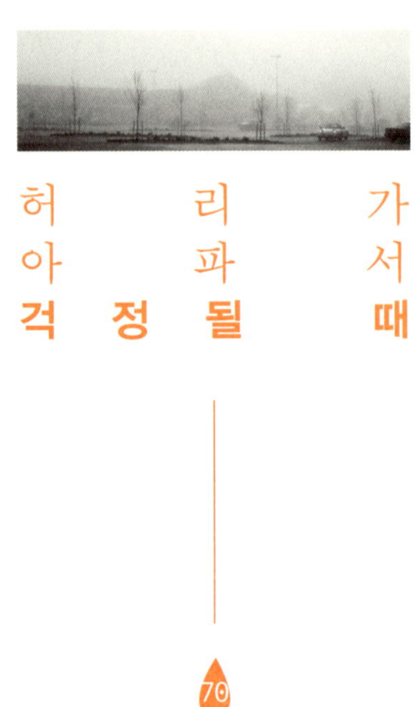

비가 오는 것을 기상청보다 더 정확히 맞히는 사람이 있다. 바로 할머니들이다. 시골 할머니들은 비가 오기 전부터 비가 올 것을 예측한다.

"허리가 쑤시는 걸 보니까 곧 비가 오겠군."

그 예언은 금세 현실에서 실현된다. 나도 자주 허리가 아프다. 대여섯 살 때 동네 오빠의 자전거와 부딪혔다. 그래서인지 허리가 종종 아프다.

할머니들의 날씨 예측은 과학적인 근거가 있다. 비가 오려면 저기압이 되어야 하는데 저기압이 되면 관절 내에 수분 배출을 막아서 관절의 압력이 높아지기 때문에 허리가 아프고 무릎이 더 아픈 것이다.

지금 허리가 많이 아픈가. 병원에 가서 엑스레이도 찍어보고 검사를 해봤는데 뼈에는 큰 이상이 없는가. 그런데도 허리가 많이 아픈가. 그래서 걱정인가.

그렇다면 어떻게 살아야 허리가 덜 아플 수 있는지 알아보자.

여러 가지 이유로 허리가 아플 수 있다. 디스크 등 병적인 경우는 병원에 가서 적절한 치료를 받아야 한다. 그러나 지금 우리가 걱정하는 허리통증은 병원에서도 치료하지 못하는 것이다. 허리가 아플 때는 자신의 자세를 점검하는 것이 우선이다.

늘 구부정한 자세로 생활하지 않는가. 구부정하게 지내면 허리가 아플 수밖에 없다. 바른 자세를 하는 것만으로도 허리통증을 예방할 수 있음을 기억하자. 허리의 통증을 예방하기 위해서는 허리를 지탱해주는 근육들이 건강해야 한다. 척추 주위의 근육은 물론이고 복근과 허리근육이 튼튼해야 하는 것이다. 이 근육들이 약해지면 허리에 통증이 생기기 쉽다. 이 근육들을 단련시키는 운동을 하라. 또한 허리의 이상은 고관절이 틀어질 때 나타나기도 한다. 고관절이 틀어지면 엉치뼈(천골)가 제자리를 벗어나 주변 신경을 눌러서 통증이 나타나는 것이다. 그러므로 고관절을 바로잡아 줄 수 있는 운동을 하면 좋을 것이다.

생활 속에서 허리가 아프지 않으려면 이렇게 해보자. 먼저 무거운 물건을 들어 올릴 때는 허리를 구부려 들지 말고 무릎을 구부려서 들어올린다. 또 세수를 하거나 전화를 받을 때는 무릎을 약간 구부리고 서 있는 것이 좋다.

침대는 단단한 것이 좋으며 될 수 있으면 옆으로 눕는 것이 허리에 좋다. 허리가 아플 때는 절대 한 자세로 오래 있지 말고, 의자에 앉을 때 다리를 꼬지 말아야 한다. 높은 베개는 피하고 목을 45도 이상 돌리지 않아야 하며 물건을 한 손으로 잡는 것도 삼가야 한다. 의자에 앉을 때는 엉덩이를 의자 뒤에 바짝 붙여서 앉도록 하길 바란다. 무엇보다 허리통증에 좋은 것은 휴식이다.

무리하지 말고 허리를 쉴 수 있도록 하라.

오랫동안 허리가 아파서 힘들었다. 병원에 가 봐도 뾰족한 수가 없다. 뼈가 어긋난 것도 아니고 노화현상도 아니란다. 그럼 왜 이렇게 허리가 아픈 걸까. 허리가 아프니 짜증도 많아지고 가족들에게 소홀해지는 것이다. 물론 걱정도 되었다. 이렇게 허리가 아프다 불구자가 되는 건 아닐까. 하지만 이젠 걱정하지 않을 것이다. 내가 허리가 아팠던 이유는 바른 자세를 취하지 않았기 때문이다. 물건을 들어 올릴 때도 나는 항상 허리를 직각으로 구부리곤 했다. 그것이 허리에 치명적인 행동이라고 한다. 앞으로는 무릎을 구부리고 물건을 들어 올릴 것이다. 그 이외 허리에 유익한 자세를 많이 배워 실생활에서 실천할 예정이다.

간 접 흡 연 이
걱 정 될 때

담배를 피우는 사람들에게 요즘처럼 괴로운 시기도 없을 것 같다. 이제 웬만한 곳은 다 금연구역으로 지정해놓고 있기 때문이다. 조만간 식당에서도 애연가들이 설 자리가 사라질 예정이고, 버스정류장이나 공원 등의 공공장소는 이미 금연구역으로 지정되어 있다. 하지만 강제성이 크지 않은 탓인지 버젓이 금연구역에서 담배를 피우는 사람이 많다. 옆에 아이가 있든 없든 매캐한 담배 연기를 내뿜으면서 아무런 죄의식도 느끼지 않는 사람들. 그런 사람들 때문에 담배를 피우지 않는 사람들은 곤혹스럽다.

먼저 흡연이 얼마나 나쁜 것인지 확실하게 알아두자. 콜럼버스가 원주민으로부터 들여온 담배는 4000여 가지의 화학물질로 구성되어 있고, 그중 발암물질이 60여 종이나 함유되어 있다. 흡연은 폐암, 구강암, 식도암, 자궁경부암,

위암, 췌장암, 간암 등 거의 모든 암의 원인이다. 전 세계적으로 흡연으로 인해 490만 명 정도가 죽고 있다. 흡연은 피우는 당사자뿐만 아니라 주위 사람들에게도 심각한 피해를 준다. 임산부가 흡연하는 경우, 자연유산의 가능성이 높아지고, 저체중아, 사산아 등을 출산할 확률 또한 높아진다.

그렇다면 간접흡연의 위험성은 얼마나 될까. 담배를 직접 피우지 않고 단지 곁에서 연기만 맡아도 위험하다. 또한 연기를 맡지 않았다고 하더라도 담배를 피운 사람과 함께 생활하면 그가 피운 담뱃재 등으로 간접흡연의 피해자가 될 수 있다. 더욱 심각한 것은 간접흡연만으로도 암, 심장질환, 호흡기 질환에 걸릴 가능성이 높아지는 것이다. 그래서 어쩔 수 없이 간접흡연을 하게 되면 걱정하지 않을 수 없다. 결혼을 했는데 남편이 집 안에서 담배를 피운다면 어떻게 할 것인가. 회사에 입사했는데 동료들이 사무실에서 담배를 피운다면 어떻게 할 것인가.

간접흡연은 직접 담배를 피우는 것보다 훨씬 더 해롭다. 왜냐하면 흡연자는 필터를 통과하면서 어느 정도 화학성분을 걸러낸 연기를 마시지만 비흡연자의 경우 걸러지지 않는 생담배 연기를 그대로 마시기 때문이다. 아빠가 흡연자인 어느 가정의 아기를 검사한 결과, 하루에 담배 1개비 이상을 피우는 사람과 같은 니코틴이 검출되었다. 이는 간접흡연이 얼마나 해로운 것인지를 일깨워주는 일이 아닐 수 없다. 남편이 집 안에서 담배를 피우면 싫다는 반응을 적극적으로 해라. 아기가 있다면 아예 금연할 것을 종용해라. 동료가 사무실에서 담배를 피우거든 소극적으로 대처하지 말고 적극적으로 대응하라. 어떻게 해서든 간접흡연은 피해야 한다. 그것이 내 생명과 가족을 지키는 일이라는 것을 명심하자.

직장동료가 사무실 내에서 담배를 피우는 바람에 난 하루 종일 기분이 엉망이었다. 나는 담배연기가 이 세상에서 가장 싫다. 그 냄새를 맡으면 머리가 어지럽고 속이 메슥거린다. 또 흡연이 주는 심각한 폐해도 잘 알고 있다. 인체에 치명적인 독을 품고 있는 담배를 피우는 것도 해롭지만 간접흡연은 더 해롭다. 그래서 걱정이 많았다. 이제 걱정을 멈추고 동료에게 사무실 안에서 금연해줄 것을 요청해야겠다. 속으로 힘들어한다고 누가 알아주지 않는다. 내 몸은 내가 지켜야 한다. 동료도 한 개비라도 덜 피우는 것이 그에게 좋은 일일 것이다.

큰 수술을 앞두고 걱정될 때

72

몇 해 전 큰 수술을 받았다. 예상 시간은 30분 정도였는데 수술실에서 나온 건 2시간 후였다. 다행히 수술을 받고 완치되어서 지금은 잘 지내고 있다. 그런데 막상 수술을 받을 때보다는 수술을 하기 전이 더 힘들고 걱정스러웠던 기억이 난다. 정맥마취를 했는데 혹시 마취가 잘못되어 영영 깨어나지 못하면 어쩌지 하는 걱정에서부터 수술이 잘못되면 어떻게 하지라는 걱정까지 나를 괴롭혔다. 그래도 걱정 대신 의료진을 믿기로 했다. 담대한 마음으로 수술대에 올랐고 결과는 성공적이었다.

병원에 가는 것을 좋아하는 사람이 어디 있겠는가. 수술받는 걸 좋아할 사람은 또 어디 있겠는가. 하지만 수술을 굳이 괴로운 시간으로 만들 필요는 없을 것 같다. 혹시 그대, 큰 수술을 앞두고 있는가. 모든 수술은 얼마간의 위험과 부작용을 감수하는 일이다. 그러므로 그 사실을 인정해야 한다. 운이 좋으면 완치될 수도 있고 운이 나쁘면 재수술을 받을 수도 있는 것이다. 수술을 받는다는 것은 어쩌면 행운인지도 모른다. 병세가 심각해서 당장 수술을 받지 않으면 생명이 위독한 데도 돈이 없어서 수술을 미루고 있는 사람들이 있기 때문이다. 그들에 비하면 수술이라도 받을 수 있는 자신을 감사하게 여겨야 하지 않겠는가.

걱정을 하면 걱정은 태산이 된다. 처음에는 작은 모래산이었다가 갈수록 단단한 바위산이 되어서 인생을 우울하게 만든다. 수술에 대한 겁을 없애자. 수술만 위험한 일은 아니다. 우리가 살아가는 모든 순간이 위험한 순간이다. 그렇지 않은가. 어느 나라에서는 멀쩡한 초고층 빌딩이 비행기 테러를 당해 한순간에 사라져버리고, 평화로운 식사시간에 지진이 나서 온 가족이 몰살당하는 경우도 있다. 최근에 일어났던 일본의 쓰나미는 또 어떤가. 평화롭게 살던 바닷가 마을 사람들을 단숨에 삼켜버렸다. 그런 것들을 보면 살아있는 것 자체가 위험과 대면하는 것이다.

수술, 더 이상 두려워하지 않아도 된다. 현대 의학은 죽은 사람도 살릴 정도로 발전해 있다. 그러니 수술을 집도할 의사선생님을 믿어라. 그분께서 뛰어난 수술 실력으로 그대의 병을 치료해줄 것이다. 난 비록 큰 수술은 아니었지만 담당 의사선생님을 믿었다. 그래도 걱정은 조금 했다. 하지만 걱정보다는 의료진에 대한 믿음이 더 컸다. 처음 그 병원에 진찰을 받으러 갈 때부터 신뢰했다. 그리고 그에 대한 보답으로 병이 사라지는 기쁨을 선물 받았던 것이다. 걱정하지 마라. 수술은 잘될 것이다. 수술이 끝나면 지금보다 훨씬 더 건강해진 자신을 만날 수 있을 것이다. 한숨 자고 일어난다는 기분으로 수술실에 들어가자.

생애 처음으로 대수술을 앞두고 있다. 서너 시간은 족히 넘게 걸릴 수 있는 수술이다. 그래서 너무 무섭고 걱정되었다. 혹시나 못 깨어나고 영영 잠드는 건 아닌지 혹시 수술 실패로 더 악화되는 건 아닌지.

그러나 지금 이 순간부터는 걱정을 버릴 것이다. 이번 수술로 나는 건강을 되찾을 것이다. 수술을 집도할 의사선생님은 국내뿐 아니라 전 세계적으로도 그 분야 최고의 권위자다. 의사선생님을 믿는다. 그리고 훌륭한 의료진 모두를 믿는다. 걱정하지 않고 마음 편하게 수술에 임할 것이다. 괜찮다, 한숨 자고 일어나면 모든 게 해결될 것이다.

현대인의 고질병, 불면증으로 잠 못 드는 사람이 많아지고 있다. 항상 다른 사람들과 경쟁하고 비교하느라 우리의 뇌는 안식을 취할 겨를조차 없다. 그로 인해 수많은 스트레스를 받고 잠을 자야 할 시간에도 멀뚱거리면서 깨어있게 되는 것이다. 내 주변에도 불면증에 걸려서 고통스러워하는 친구들이 많다. 나도 기분이 매우 안 좋은 일이 생기거나 우려스러운 일이 발생하면 이상하게 잠이 오질 않곤 했다. 불면증은 시대가 낳은 비극적 증상이 아닐까 싶다.

불면증의 원인은 무엇일까. 위에서 말했듯 주요한 원인은 스트레스다. 스트레스가 불면증의 최고의 적임을 우리는 간과해서는 안 될 것이다. 내 경험에 의하면 스트레스가 심한 날은 심장이 두근거리고 얼굴에 열이 나고 12시가 넘어서도 잠이 오기는커녕 오히려 정신이 맑아졌다. 근심과 고민으로 잠이라는 보약을 먹을 수 없게 된 것이다. 수면제 등으로 일시적 효과를 볼 수는 있겠지만 스트레스를 제대로 관리하지 않는 한 완치되기는 어렵다. 오늘 밤이 두려운가. 잠을 자지 못하고 새벽을 맞이하게 되는 것이 불면증을 앓고 있는 사람들의 고통일 것이다.

그대가 불면증에 걸렸다면 스트레스를 가장 먼저 조절해야 한다. 스트레스를 받지 않고 살 수는 없다. 그러나 스트레스를 받는다고 해서 모두가 불면증에 걸리는 것은 아니다. 왜 어떤 사람은 스트레스로 불면증에 걸리고 우울증이나 정신질환으로까지 발전하는 것일까. 스트레스에 대처하는 마음자세가 확립되지 않았기 때문이다. 단지 잠이 오지 않는다는 증상만을 주목해서는 불면증을 치료하기 어렵다. 불면증의 근본원인인 스트레스를 없앨 수 있도록 노력해야만 편안한 수면을 취할 수 있을 것이다.

잠을 잘 자려면 마음의 평화를 얻어야 할 것이다. 하루 중 잠자는 시간만이라도 모든 걸 내려놓아라. 누군가를 미워하는 마음도, 세상에 대한 원망도, 가족과 환경에 대한 불만도 모두 내려놓을 때 비로소 숙면을 할 수 있다. 또한 잠을 자는 데 도움이 되어줄 음식을 먹자. 잠자기 전에 따뜻한 우유 반 잔을 마셔라. 우유에는 칼슘과 트립토판이라는 성분이 풍부해 불면증의 원인인 칼슘 부족을 해소해주고 수면을 도와준다. 또한 대추, 호두, 상추, 양파, 키위 등을 섭취하면 좋다. 취침 전 가벼운 운동은 좋으나, 심한 운동도 불면증을 유발할 수 있다. 무엇보다 불면증은 마음이 불러온 병이다. 매사에 까칠하게 반응하지 말고 느긋하게 세상을 살아가는 자세가 꼭 필요하다.

최근에 스트레스로 인해서 거의 잠을 자지 못했다. 잠을 못 자니 아침부터 저녁까지 피곤하고 하루가 힘겨웠다. 불면증을 걱정하면 증상은 더 심해질 뿐이었다. 지금부터 나는 불면증을 걱정하지 않을 것이다. 또한 내게 주어진 모든 문제들을 긍정적인 시선으로 파악하고 해결해 나갈 것이다.

스트레스가 불면증의 최대 원인이라고 한다. 최근에 날 괴롭게 하던 스트레스는 누군가가 준 것이 아니라 스스로 만들어낸 골칫거리였음을 인정한다. 나를 힘들게 한 건 부정적이고 파괴적인 생각이었다. 이제는 그런 오류를 범하지 않을 것이다. 마음을 평화롭게 하기 위해 노력할 것이다. 그러면 저절로 잠이 잘 올 것을 믿는다.

출 산 을

앞 두 고

걱 정 될 때

74

여자 인생에서 최고의 사건은 바로 출산이다. 아기를 낳는다는 것은 한 생명을 탄생시키는 경이로운 순간이며, 인생의 획기적인 변화를 가져올 사건이다. 그래서 많은 사람들이 출산을 축복하고 기뻐하는 것이다. 하지만 모두가 다 그렇게 행복한 것만은 아니다. 출산이라는 대사건을 앞둔 임산부들 중에는 걱정에 휩싸여 있는 사람이 많다. 특히 초산이라면 더욱 그러할 것이다.

나 역시도 초산을 앞두고 걱정을 많이 했다. 엄마가 된다는 것은 인생 최고의 희열을 안겨주는 사건이 아닐 수 없다. 그럼에도 불구하고 20대 중반의 나이에 첫 아이를 낳기 전까지 내가 과연 좋은 엄마가 될 수 있을까, 한 아이의 인생을 책임질 수 있을까, 라는 의문을 가졌던 것 같다. 그러한 의문은 어쩌면 부모로서 특히 엄마로서 당연한 물음일지도 모른다. 다행히 모든 걱정은 한 순간에 없어지게 되었다. 바로 아기가 울음을 터뜨리며 이 세상에 태어나는 순간이다.

걱정하지 말자. 그대는 분명히 똑똑하고 예쁜 아기를 낳을 것이다. 출산을 앞두고 불안해하면 아기도 배 속에서 그 영향을 받아 불안해질 수 있다. 마음을 편안하게 가지고 출산을 하는 자신의 모습을 미리 상상해보자. 진통을 잘 이겨내고 튼튼한 아기를 낳은 자신의 대견스러운 모습을 떠올리면 출산이 주는 위압감을 극복할 수 있을 것이다.

여자가 엄마가 되는 순간이 출산이다. 나는 첫 아이를 낳고 나서 크게 웃었다. 왜냐하면 말로 표현할 수 없는 신비로운 감정을 느꼈기 때문이다. 그것은 새로운 생명을 낳는 주체가 바로 나이며, 그 생명의 생생한 아름다움을 보았기 때문이다. 출산은 여자의 일생에 있어서 가장 행복한 순간이다. 걱정할 것 없다. 그대는 이제 비로소 어른이 되는 것이다.

출산예정일이 다가올수록 걱정을 했다. 건강한 아기를 잘 낳을 수 있을까. 과연 내가 한 생명을 책임질 수 있을까. 이런저런 걱정으로 잠 못 이루는 밤이 늘었다. 그랬더니 컨디션이 좋지 않아졌다. 배 속의 아기를 위해서도 이러면 안 된다는 생각이 든다.

앞으로는 걱정 대신 기대를 하기로 했다. 나와 내가 사랑하는 사람을 닮은 아기를 만나게 될 시간을 두근거리면서 기다릴 것이다. 나의 피와

살과 뼈로 만들어진 아이를 낳을 수 있다는 것만으로도 얼마나 행복한 일인가. 한 생명을 품을 수 있고, 또 그 생명을 키워갈 토양이 된다는 것만으로도 나는 축복받은 사람인 것이다.

노안 때문에 걱정될 때

75

동안열풍이 아직까지도 꽤 뜨겁게 불고 있다. 명절만 되면 어김없이 동안 선발대회가 열리고, 한 살이라도 더 어려 보이기 위해 목숨을 건 양악수술까지도 감행하는 사람이 늘고 있다. 노안인 사람의 입장에서는 얼마나 가슴 시린 일일까.

자신이 노안이라고 생각하는가. 그래서 걱정되는가. 너도나도 동안에만 열광하는 이 시대에 노안으로 살아가는 일은 어쩌면 험난한 길인지도 모른다. 동안에 미친 나라, 동안에 미친 사회, 동안에 미친 시대가 되어가고 있는 요즘이다. 그렇다면 도대체 동안이란 어떤 얼굴을 말하는 걸까.

어려 보이는 얼굴의 조건은 다음과 같다. 가장 먼저 이마가 도톰하니 살집이 있어야 한다. 눈은 둥글고 두 눈의 간격이 멀고 검은 눈동자가 커야 한다. 코는 너무 길지 않고 얼굴크기에 비해 짧아야 한다. 또 도톰한 입술, 작은 귀, 통통한 볼과 귓불, 짧은 아래턱 등이 동안의 조건으로 꼽히고 있다. 하지만 이 모든 조건을 갖추었음에도 불구하고 동안이 될 수 없는 경우가 있다. 피부색이 탁하고 주름이 많은 경우다. 왜 사람들은 동안에 열광하는 걸까. 그 이유는 젊음이 주는 매력 때문일 것이다. 남들보다 젊어 보인다는 것은 그만큼 자기관리에 성공했다는 반증이 되어 사람들로부터 호감을 얻게 된다.

같은 나이라도 어떤 사람은 십 년은 어려 보이고 어떤 사람은 훨씬 더 들어 보이는 경우를 종종 본다. 노안인 사람의 슬픔은 늙음을 먼저 맞이하는 것뿐만이 아니라 사회적인 냉대를 감내해야 하는 것인지도 모른다. 같은 나이라면 동안인 사람이 노안인 사람보다 여러 모로 경쟁력을 가진 것을 부인할 수가 없기 때문이다. 그러나 희망은 있다. 노안을 가진 사람도 동안 못지않게 사람들에게 어필할 수 있는 비법이 있다.

늙어 보이는가? 걱정할 것 없다. 이제 그대는 마음의 동안이 되어서 사람들에게 산소와 같은 존재가 되면 된다. 순수하고 깨끗한 마음으로 살아가라는 뜻이다. 우리는 연륜이 있고 욕심이 없고 인간을 진실로 사랑하는 어른을 존경한다. 80대 노인이 보톡스와 성형수술로 50대로 보인다고 해서 그를 존경하는 사람은 없다. 그러나 늙고 볼품없어도 마음을 헤아려주고, 아픔을 공감해주고, 검소하고 욕심 없는 사람에게는 진심으로 끌린다. 이것이 마음의 동안이 지닌 매력이다. 오늘부터는 마음에게 청춘을 선물하자. 열린 마음, 깨인 생각을 갖자. 그것이 노안인 사람이 진정한 동안이 되는 비결이다.

나를 처음 보는 사람들은 원래 나이보다 족히 10살은 많게 본다. 이제 겨우 서른밖에 되지 않았는데 말이다. 그래서 그런지 아직 결혼도 못했다. 맞선을 나가도 상대방은 노안인 나를 달가워하지 않았다. 젊어보이도록 성형수술까지 심각하게 고려하기까지 했다.

하지만 난 수술하지 않기로 했다. 그리고 노안도 걱정하지 않기로 했다. 아무리 아름다운 꽃도 시간이 지나면 시들기 마련이다. 결국 변해버릴 외적인 아름다움보다는 내적인 동안을 추구하기로 결심했다. 비록 얼굴은 이렇게 늙어버렸지만 마음은 언제나 아기처럼 순수한 마음을 가져야겠다. 욕심 부리지 않고 작은 것에 감사하면서 순수하게 살아갈 것이다.

키　　　　　　가
작　　　아　　　서
걱　정　될　때

76

　　한국인의 평균 키는 남자 174cm, 여자 160.5cm 정도다. 성장이 멈추는 나이는 대략 남자는 만으로 17~18세, 여자 아이는 만으로 15~16세이다. 키가 작다는 건 큰 콤플렉스가 될 수 있다. 키 작은 아이들은 어릴 적부터 놀림감이 되기 쉽다. 단지 키가 작다는 이유로 말이다. 이건 정말 억울한 일이다. 키가 작고 싶어서 작은 사람이 어디 있겠는가. 혹시 그대도 키가 작아서 고민인가. 그 고민을 함께 나누고자 한다.

　　부모님이 작아서 자신이 작다고 생각한다면 그건 오해다. 유전적인 요소는 겨우 23%밖에 차지하지 않는다. 환경이 26%, 운동이 20%, 영양이 31% 나머지를 차지한다. 따라서 그대가 지금 성장기에 있다면 후천적인 요인들을 집중적으로 개선해서 클 수 있다.

그렇다면 어떤 환경이어야 키가 클까? 어떤 운동을 해야 키가 클까? 어떤 음식을 먹어야 키가 클까? 궁금하다면 지금부터 주목해보자. 무엇이든 가능성이 있다면 노력을 해야 한다. 그것이 키가 커지는 일이든, 성적을 올리는 일이든 무한한 가능성의 길이 있다면 그리고 그것을 이루기를 소망한다면 신념을 가지고 노력하면 이루어질 것이다.

아직 키가 클 수 있는 나이라면 먼저 환경에 신경 써야 한다. 가장 중요한 것은 숙면을 취할 수 있는 환경을 만드는 일이다. 성장을 도와주는 성장호르몬은 밤 11~새벽 2시 정도에 최고조에 이른다. 이때는 반드시 자야 한다. 최소한 7시간 이상은 숙면을 취하라. 커튼을 치고 가로등 불빛 등이 방 안에 들어오지 않게 하자. 잠만 잘 자도 키는 큰다.

운동 가운데는 별다른 장비가 필요하지 않는 줄넘기를 추천한다. 줄넘기는 롱다리를 만들 수 있기도 하다. 그 외에 점프를 많이 하는 농구, 배구 등의 운동은 성장판을 자극해서 키를 크게 만든다. 그리고 좋은 음식을 통해 영양을 골고루 섭취하길 바란다. 음식으로는 시금치, 우유, 정어리, 당근, 굴, 멸치, 푸른 채소류 등이 좋다. 자극적인 음식은 자제하자.

그럼 이미 성장기가 지나버린 사람은 어쩌란 말인가. 키가 작다는 비애 속에 갇혀 평생을 보낼 것인가. 키 작은 것이 무슨 죽을죄도 아닌데 자꾸만 움츠러들고 있지는 않은가. 사람들의 시선이 부담되고 어딜 가도 작은 키 때문에 소심해져 있는 자신을 이제 그만 자유롭게 해주자. 키가 작아도 얼마든지 사회생활을 할 수 있고 행복한 가정을 꾸릴 수 있다.

키가 작다는 이유로 혹시 자학하지 않았는가. 이제 그런 어리석은 행동을 멈추자. 키가 작아도 그대는 충분히 멋지다. 그리고 아름다운 사람이다.

또 무엇이든 이룰 수 있는 사람이다. 자신을 믿고 키가 작다는 콤플렉스로부터 벗어나라. 몸의 성장은 더 이상 불가능하지만 정신적 성장은 얼마든지 가능함을 기억하자.

언제나 반에서 키 순서로 1번을 놓치지 않았던 나, 키가 작아 슬픈 아이가 바로 나였다. 어른이 되어서도 키가 작은 것은 장애 아닌 장애가 되었다. 어디를 가든 작은 키는 사람들의 눈에 확 띄었던 것이다. 늘 걱정이었다. 시집이나 제대로 갈 수 있으려나.

하지만 지금부터는 작은 키를 고민하지 않을 것이다. 요즘은 키가 커 보이는 옷도, 신발도 많이 나와 있다. 그런 것들을 적극 활용하고 무엇보다 내 자신을 사랑하려고 한다. 키가 작아서 슬픈 아이는 이제 없을 것이다. 작은 키를 가졌지만 남들보다 더 열심히 살아가고 있는 성실한 나, 마음의 키가 훌쩍 자란 성숙한 내가 될 것이다.

기　　운　　이
없　　어　　서
걱　정　될　때

77

　　사람의 컨디션은 날마다 똑같지가 않다. 어떤 날은 기운이 펄펄 나고 날아

갈 것 같이 가뿐하다가도 또 어떤 날은 힘이 하나도 없이 축 처지는 것 같은

기분이 든다. 나도 그런 경우가 많다. 어제까지만 해도 몸 컨디션이 최상이었는

데 오늘 갑자기 온몸이 쑤시고 아프면서 기력이 쇠해진 느낌이 들었던 적이 있

다. 그럴 때면 이런 말을 하곤 한다.

　　"왜 이렇게 기운이 없지?"

　　기운이 없으니 의욕도 없고 평소 때 그토록 열심히 하던 글쓰기도 전혀 흥

미가 느껴지지 않는 것이다. 결국 기운이 없는 날은 멍하니 텔레비전을 보거나

시체처럼 누워 있다가 밤을 맞이하곤 하였다.

　　기운이란 무엇일까. 국어사전에는 이와 같이 기술되어 있다. 생물의 살아

251

움직이는 힘, 어떤 일이 돌아가는 분위기나 형편. 즉, 살아가려면 꼭 필요한 힘이 기운이라는 말이다. 기운은 '기(氣)'다.

기운이 없다는 것은 기가 부족하다는 신호다. 기라는 것은 만물을 구성하는 기본 요소라고 할 수 있다. 기가 부족한 사람은 쉽게 피곤하고 짜증 나고 화가 나 쉽게 포기한다. 왜냐하면 그런 사람에게는 무엇인가에 대항해서 싸울 힘이 결핍되어 있기 때문이다. 그러므로 우리는 기를 살리는 방법을 터득해야 할 것이다.

어떻게 하면 기를 살릴 수 있을까. 남편의 기를 살리는 부인은 어떤 말을 할까. 생각해보자. 자녀의 기를 살리는 부모, 학생의 기를 살리는 교사, 국민의 기를 살리는 대통령, 직원의 기를 살리는 사장, 엄마의 기를 살리는 아들 등. 이 땅 위의 모든 사람이 상대방의 기를 살릴 수 있다면 기운이 없어서 걱정할 일도 없어지지 않을까.

그럼 먼저 자신의 기를 살리는 방법부터 익혀보자. 기운이 없다고 의기소침해서 방에 누워만 있다면 점점 기운이 없어지고 말 것이다.

1. 기운이 없을수록 우리는 더 명랑해질 필요가 있다.
기가 빠지는 사람이 되지 않기 위해서는 자신의 기를 지키고 새로운 기운을 보강해야만 한다.
2. 자신의 본래의 기를 지키는 일은 자존감을 가지는 일과 직결된다.
스스로를 소중하게 생각하고 존귀하게 여기는 사람은 기를 잘 지키는 사람이다.
3. 새로운 기를 보강하는 방법은 세상으로부터 긍정적인 기운을 받아들이

는 것이다.

누군가에게 보살핌을 받으려고 하지 말고 도움이 필요한 이웃에게 사랑을 베푸는 것이 바로 세상의 긍정적인 기운을 받는 방법이다. 인간은 타인에게 인정을 베풀 때 가장 좋은 기운을 얻게 된다.

가끔 기운이 없어서 하던 일도 팽개치고 멍하니 하루를 보내곤 했다. 그런데 점점 증상이 더 심해지는 것이었다. 걱정이 되었다. 왜 이렇게 힘이 나질 않는 걸까. 병원에서는 날 보고 지극히 정상이란다. 오늘도 몸이 쑤시고 기력이 없다.

그러나 오늘 이 순간부터는 기운이 없음을 걱정하지 않겠다. 기운이 없었던 이유는 기존의 기를 지키지 못하고, 새로운 기를 받아들이지 못했기 때문이다. 오늘부터는 내게 있던 본래의 기를 잘 활용하고 세상이 내게 주는 신선한 기를 마음껏 받아들일 예정이다. 그것의 첫 걸음은 바로 나 자신으로부터 시작됨을 안다. 내가 먼저 세상에게 손 내밀고 사랑과 온정을 베푸는 사람이 된다면 기운이 없다고 한탄할 시간은 없을 것이다.

78

　　이런 걱정은 하지 않을 것 같지만 한 번쯤 하게 되는 걱정이 있다. 거의 모든 사람이 다이어트에 혈안이 된 것처럼 보이는 세태 속에서 살이 너무 빠져서 걱정하는 것이다. 지금 살빼기 위해 혹독한 다이어트를 하는 사람의 입장에서 보면 부럽고 말도 안 되는 고민이라고 치부해 버릴 수 있는 걱정거리다. 그러나 정작 살이 병적으로 빠져가는 입장이 되면 걱정이 아니 될 수 없다.

　　살이 찌는 이유는 우리 몸에 필요한 에너지보다 더 많은 양을 섭취하는 것이다. 그럼 살이 빠지는 이유는 그 반대가 아니겠는가. 우리 몸이 필요로 하는 에너지를 제대로 섭취하지 못했기 때문일 것이다. 그뿐만이 아닐지도 모른다. 어느 날 갑자기 살이 빠지는 경우에는 질병도 의심해 볼 수 있다.

이 병에 걸리면 식욕은 좋지만, 살은 점점 빠진다.

간암이나 간경변 같은 병에 걸리면 식욕도 없고, 살도 빠진다.

이 경우에는 숨이 차면서 식욕도 없고 살이 빠진다.

이 경우에는 갑자기 살이 빠지고 입맛을 잃고 빈혈도 생긴다.

그 외 알코올성 간 장애, 갈락토오스혈증, 당뇨병, 기생충의 병, 선천성 심질환, 심포장과 삼초부의 이상 등의 질병이 원인이 될 수 있다. 살이 많이 빠졌다면 병원에서 진단을 받아보자.

병원에서 아무런 이상이 없다고 하는 경우에는 어떻게 해야 할까. 살이 찌고 싶은데 안 찌는 것도 걱정거리다. 너무 말라도 볼품없기 때문이다. 여자든 남자든 어느 정도의 살은 있어야 아름다운 법이다. 살이 찌고 싶다면 하루 세 끼 밥을 꼭 챙겨 먹자. 그리고 틈틈이 간식을 먹는 것이다.

나도 가끔 살이 빠진다. 심한 스트레스를 받았을 경우다. 스트레스로 인해서 입맛이 없고 먹어도 살로 가지 않고 여위게 된다. 이럴 때는 약간 단 음식을 먹는다. 달콤한 빵이나 과자를 섭취해준다. 그리고 과일도 먹는다. 과일의 단맛은 빵이나 과자보다는 건강에 좋을 것이다. 그러나 지나치게 단 것을 많이 먹지는 말기 바란다.

무엇보다 살이 빠지는 원인을 알아야 한다. 그 원인이 스트레스라면 마음을 다스리는 일이 급선무다. 스트레스가 가득한 상태에서는 제아무리 산해진미를 갖다놓아도 구미가 당기지 않는다.

살이 찌고 싶다면 우선 마음이 편해야 한다는 건 진리다. 마음 편하게 지내는 사람치고 여윈 사람은 없다. 이래도 괜찮고 저래도 괜찮다. 이런 마음을 가지면 스트레스를 덜 받게 된다. 꼭 이래야만 하고 꼭 저래야만 한다고 하면 삶이 피곤해진다. 여유와 너그러운 마음을 가지고 살자. 넉넉한 마음으로 살면 잃었던 식욕도 돌아오고 살도 다시 찔 것이다.

걱정 날리기

남들은 살이 쪄서 다이어트 때문에 고민이라고 하지만, 반대로 살이 빠져서 걱정이다. 병원에서 특별한 병은 없다고 하는데 왜 이렇게 살이 찌지 않는 것인지 모르겠다. 가만히 생각해보니 성격과도 관련이 있는 것 같다.

나는 뭐든지 조급하게 굴고 안달하는 스타일이다. 그렇게 안달 내면서 살다보니 살 찔 틈이 없었던 건 아닐까. 조금의 여유도 없이 앞만 보고 달려왔다. '돈을 잃는다는 것은 적게 잃는 것이고, 건강을 잃는다는 것이야말로 모든 것을 잃는 것이다'라는 말처럼 건강을 우선으로 살아야겠다.

또 욕심을 내려놓고 여유롭게 살아가야겠다. 그러면 스트레스를 덜 받

을 것이고 기분이 좋으면 먹을 때도 더 맛있게 많이 먹게 될 것이다.

우 울 해 서
걱 정 될 때

우울증으로 인한 자살자가 갈수록 늘어가고 있다. 연예인들만 우울증으로 자살하는 건 아니다. 일반인들도 우울증에 걸려서 괴로워하다가 자살이라는 극단의 선택을 하는 경우가 많다. 지인 중 하나도 빚에 시달리다가 결국에는 자살로 생을 마감하고 말았다. 그는 아직 젊고 아내와 아이들이 있는데도 말이다. 자식도 아내도 부모도 그의 자살을 막을 수 없었던 것이다. 이렇게 무서운 우울증이란 무엇일까?

우리는 가끔 우울해진다. 그래서 가끔은 혹시 내가 우울증에 걸린 건 아닐까? 라는 의문을 갖게 된다.

기분에는 즐겁고 유쾌한 기분, 우울하고 슬픈 기분, 짜증스럽거나 불쾌한 기분 등 여러 종류가 있다. 당연히 즐거운 일이 있을 때 즐겁고, 슬픈 일이 있을 때 슬퍼하는 것은 자연스러우며 건강한 것이다. 정신의학에서 말하는 우울한 상태란 일시적으로 기분만 저하된 상태를 뜻하는 것이 아니라 생각의 내용, 사고과정, 동기, 의욕, 관심, 행동, 수면, 신체활동 등 전반적인 정신 기능이 저하된 상태를 의미한다. 쉽게 이해가 되는가. 쉬운 말로 하자. 우울증이란 '살기 싫어지는 것'이다.

살기 싫어지는 것이 우울증을 대표하는 증상이다. 나도 한때 우울증에 걸린 적이 있었다. 어느 날, 이유도 없이 눈물이 흐르기 시작했다. 정말 이상하게도 눈물이 끊임없이 나는 것이었다. 당시 나는 인간으로서는 감당하기 힘든 일을 겪고 있었다. 벗어날 수 없는 굴레에 갇힌 채 온갖 모욕과 수난을 겪었던 것이다. 그런 상황 속에 나를 방치한 결과 우울증에 걸렸던 모양이다. 첫 증상은 눈물이었다. 시도 때도 없이 엉엉 울었다. 그런 상황이 거의 한 달 가까이 이어졌다. 참을 수 없을 만큼 힘든 나는 약국을 찾아가서 증상을 말했다. 그 당시에는 약국에서 약을 바로 살 수 있었다. 약을 일주일 정도 먹고 나서 증상이 호전된 나는 더 이상 약을 먹지 않고 스스로 이겨내기로 했다. 긍정을 내 인생에 도입한 것이다.

우울해서 걱정인가. 고통스러운 일상에서 벗어나고 싶은가. 우울증에 걸린 것처럼 눈물이 나는가. 그럼 우선 병원 치료를 받아라. 그리고 약을 먹으면서 심정적 치료를 해야 한다. 병원의 치료와 더불어 자가 치료를 해야 한다.

그것은 바로 긍정을 자신의 인생에 확실하게 도입하는 것이다. 여기서 말하는 '긍정'의 의미는 '좋은 의미로 세상을 해석하는 것'이다. 누가 그대에게 욕을 하거든 그런 사람이 그대가 아닌 것을 감사하는 것이다. 누가 그대에게 누명을 씌우거든 자신이 결백함을 감사하는 것이다. 돈이 없어서 우울하거든 지금 자신이 가진 것을 보라. 건강, 가족, 친구, 사랑, 아름다운 추억 등 그대는 가진 것이 정말 많다. 하루 3가지 감사한 점을 매일 일기처럼 적는 것도 큰 도움이 된다. 돈이 인생을 좌지우지 못하게 하는 뚝심을 가져라. 울고 싶어지면 울어라. 속 시원하게 울고 자신을 다독여라. 그리고 다시 툭툭 털고 웃으면서 일어나면 된다.

걱정 날리기

아무리 도망치려고 발버둥쳐도 갈 곳이 없다. 그래서 나는 괴롭고 슬프다. 눈물이 난다. 살기가 싫어졌다. 죽고 싶다. 현실에서 벗어날 수 없다면 죽음으로 벗어나볼까 생각했다. 또 한편으로는 이것이 우울증일까 걱정되고 두려웠다. 어제까지는 그랬다.

하지만 오늘 이 순간부터는 걱정 없다. 나는 세상을 보는 관점을 바꿈으로써 인생을 획기적으로 변화시킬 것이다. 지금까지는 내가 가련한 운명의 희생양이라고 여겼지만 이제부터는 내 인생의 당당한 책임자다. 도피할 수 없다고 단정 짓지 말자. 도피란 말도 옳지 않다. 나는 현실을 사랑할 것이다. 지금 처한 상황은 그 누구도 아닌 스스로 선택한 길이다. 아무리 어렵고 힘들어도 이곳에서 분명히 행복해질 수 있다. 그것을 가능하게 하는 것이 바로 긍정적인 사고방식임을 안다. 나는 숨이 멈추는 그 순간까지 세상을 좋은 의미로 해석할 것이다.

학교 성적도 우수하고 모범생이던 한 아이가 있었다. 그 아이는 남몰래 아픈 사연을 가지고 있었다. 그 사연인 즉, 바로 자신을 시기하고 질투하던 친구들로부터 따돌림을 당하고 있었다. 품성이 바르고 착한 그 아이는 화가 나기도 했지만 참으면서 3년을 잘 지내왔다. 그러다가 3학년 2학기가 거의 끝나가는 어느 날, 그동안 꾹꾹 눌러왔던 분노가 폭발하고 말았다. 전교 10등 안에 들었고 3년 내내 반장을 하던 그 아이는 한 순간 화를 참지 못하고 분출함으로써 순식간에 학교 폭력의 가해자가 되고 말았다. 이 사건은 실화다. 지금도 어딘가에서 벌어지고 있는 일이다.

한 순간의 화를 참지 못해서 인생을 망치는 케이스가 어디 한둘인가. 잘 나가던 연예인도 화를 참지 못하고 폭발하고 나서 연예계를 은퇴한다. 잘 나가던 정치인도 화를 참지 못하고 표출해버린 후에 정계에서 떠난다. 잘 나가던 기업가도 화를 참지 못하고 자신을 다스리지 못해 심장마비로 목숨을 잃는다.

화를 참지 못하면 어떻게 되는가. 남는 건 극심한 후회와 그에 따른 부정적이고 파괴적인 결과뿐이다. 화를 마음껏 발산한 후에 "화내길 참 잘했다"라고 말하는 사람은 거의 없다. 대부분의 사람들은 "조금만 더 참을 걸. 내가 그때 왜 그랬지" 하면서 후회한다.

그렇다면 화를 참기 어려울 때는 어떻게 해야 할까. 나도 한때 화를 잘 내는 사람이었다. 별것 아닌 일에도 꽥 소리를 지르고 혈압을 올리던 내가 지금 이렇게 차분하게 변한 것은 모두 이것 때문이었다. 이것의 힘은 대단하다. 이것은 무엇일까. 이것은 바로 '받아들임'과 '이해'였다.

받아들임이란 자신을 화나게 하는 대상에 대한 너그러운 포용이다. 남편이 화나게 한다면 남편의 모든 것을 포용하라. 아내가 화나게 한다면 아내의 모든 것을 포용하라. 상사가 화나게 한다면 상사의 모든 것을 포용하라. 환경이 화나게 한다면 환경을 포용하라. 인생이 화나게 한다면? 인생을 포용하라. 이런 포용의 힘은 대단하다. 극단으로 치달을 수 있는 분노도 포용함으로써 어느 정도 잠재울 수 있기 때문이다.

이해란, 포용을 기반으로 형성할 수 있는 인간적 배려다. 화가 난다는 것은 화를 나게 하는 무엇이 있기 때문이다. 그것이 인물이든, 현상이든 화를 부르는 것들을 포용한 후에 전적으로 이해하는 자세가 필요하다. 부글부글 끓어오르는 분노로서는 아무것도 이룩할 수 없다. 꿈을 이룰 수도 없고, 좋은 인간관계를 이룰 수도 없다. 분노를 다스리지 못하면 인생에서 얻을 수 있는 것은 아무것도 없다. 오히려 이룩한 것마저 잃게 만드는 것이 분노다. 화를 참지 못하겠는

가. 화나게 하는 대상에 대한 오해를 풀어라. 그들은 죄가 없다. 결론적으로 화가 나게 하는 것은 바로 자기 자신이다. 너그럽게 포용하지 못하고 속 깊이 이해하지 못한 자신이 화를 잉태하는 원천임을 기억하자.

걱정 날리기

정말 미워죽겠다. 그 녀석 생각만 하면 치가 떨린다. 언젠가는 그 녀석을 패주려고 작정하고 있다. 그런데 언제까지 이 분노를 가지고 가야 할까. 힘들다. 화를 참을 수 없다. 내가 분노를 폭발함으로써 얻을 수 있는 건 아무것도 없다. 그 녀석을 두들겨 패준다고 해서 내가 행복해진다는 보장도 없다.

생각을 바꾸기로 한다. 사람을 미워하는 것도 습관이다. 난 다른 사람을 너그럽게 포용하는 면이 서툴렀다. 인간은 누구나 장점과 단점을 가진 양면의 존재다. 그동안 상대의 나쁜 점만 확대해 보아왔던 건 아닐까. 그 녀석도 좋은 면은 있다. 좋은 점과 나쁜 점 그 모든 것이 바로 그 녀석의 정체성이다. 그 모든 것을 받아들이고 그 녀석을 인간으로서 이해하려고 한다.

나 역시도 누군가에게 분노의 대상이 될 수도 있음을 안다. 내가 아무리 잘해도 상대방이 나를 포용하고 이해하지 않는 한 화를 부르는 대상이 될 수 있다. 우선 나부터라도 다른 사람을 포용하고 이해한다면 조금 더 평화롭고 따뜻한 세상이 될 것이라고 믿는다.

걱정 없이 사는 80가지 방법

초판 1쇄 펴낸 날 | 2014년 2월 15일

지은이 | 백정미
펴낸이 | 이금석
기획 · 편집 | 박수진
디자인 | 강한나
마케팅 | 곽순식
물류지원 | 현란
펴낸곳 | 도서출판 무한
등록일 | 1993년 4월 2일
등록번호 | 제3-468호
주소 | 서울 마포구 서교동 469-19
전화 | 02)322-6144
팩스 | 02)325-6143
홈페이지 | www.muhan-book.co.kr
e-mail | muhanbook7@naver.com
가격 13,000원
ISBN 978-89-5601-330-5 (13320)

잘못된 책은 교환해 드립니다.